essentials

essentials liefern aktuelles Wissen in konzentrierter Form. Die Essenz dessen, worauf es als „State-of-the-Art" in der gegenwärtigen Fachdiskussion oder in der Praxis ankommt. *essentials* informieren schnell, unkompliziert und verständlich

- als Einführung in ein aktuelles Thema aus Ihrem Fachgebiet
- als Einstieg in ein für Sie noch unbekanntes Themenfeld
- als Einblick, um zum Thema mitreden zu können

Die Bücher in elektronischer und gedruckter Form bringen das Expertenwissen von Springer-Fachautoren kompakt zur Darstellung. Sie sind besonders für die Nutzung als eBook auf Tablet-PCs, eBook-Readern und Smartphones geeignet. *essentials:* Wissensbausteine aus den Wirtschafts-, Sozial- und Geisteswissenschaften, aus Technik und Naturwissenschaften sowie aus Medizin, Psychologie und Gesundheitsberufen. Von renommierten Autoren aller Springer-Verlagsmarken.

Weitere Bände in der Reihe http://www.springer.com/series/13088

Moritz von Senarclens de Grancy ·
Rebekka Haug

Suizidalität am Arbeitsplatz

Prävention und Krisenintervention

Mit einem Vorwort von Renate Grønvold Bugge

Moritz von Senarclens de Grancy
Berlin, Deutschland

Rebekka Haug
Berlin, Deutschland

ISSN 2197-6708   ISSN 2197-6716   (electronic)
essentials
ISBN 978-3-658-28056-7   ISBN 978-3-658-28057-4   (eBook)
https://doi.org/10.1007/978-3-658-28057-4

Die Deutsche Nationalbibliothek verzeichnet diese Publikation in der Deutschen Nationalbibliografie; detaillierte bibliografische Daten sind im Internet über http://dnb.d-nb.de abrufbar.

Springer ist ein Imprint der eingetragenen Gesellschaft Springer Fachmedien Wiesbaden GmbH und ist ein Teil von Springer Nature.
Die Anschrift der Gesellschaft ist: Abraham-Lincoln-Str. 46, 65189 Wiesbaden, Germany

Was Sie in diesem *essential* finden können

- Schnelle Orientierung zu Suizidalität in Unternehmen und Organisationen
- Praktische Hinweise für den Umgang mit suizidalen MitarbeiterInnen in Krisen
- Nachhaltige Ansätze zur Suizidprävention und Mitarbeiterfürsorge
- Rechtliche Hinweise für Unternehmen
- Psychologisches und kulturgeschichtliches Hintergrundwissen zum Tabuthema Selbsttötung

Vorwort

Suizide im arbeitsnahen Umfeld sind leider keine Seltenheit. Sie häufen sich nach Krisen wie etwa der Finanzkrise 2008, kommen zunehmend unter Polizisten vor, finden sich aber auch in Nichtregierungsorganisationen wie 2018 bei Amnesty International. Suizide in Organisationen stellen Führung und Mitarbeiter vor schwierige Aufgaben; sie werfen unangenehme Fragen nach der Verantwortung auf und rücken die Arbeitsbedingungen in den Fokus. Die Identifikation mit dem Unternehmen, mit dem Arbeitsplatz und der eigenen Leistung tragen meist maßgeblich zum Wohlbefinden von Mitarbeitern und auch von Führungskräften bei. Kommt es jedoch zu einem Suizid im Unternehmen, erscheint alles in einem veränderten Licht.

Aus meiner langjährigen Erfahrung als Notfallpsychologin weiß ich um die Bedeutung der Aufarbeitung sowie der Wichtigkeit von Trauerprozessen zur Verarbeitung traumatischer Ereignisse. An die Frage nach den Ursachen eines Suizids knüpfen sich im unternehmensbezogenen Kontext zumal wichtige Aspekte des Umgangs mit und der Bewältigung von suizidalen Krisen. Auch Prävention wird nun zum Thema: Wie hätte sich der Suizid eines Mitarbeiters verhindern lassen?

Das *essentials* geht diesen Fragen nach und gibt differenzierte Antworten rund um die Thematik der Suizidalität in Organisationen. Zudem erhellt der Band den psychosozialen und kulturhistorischen Hintergrund des Phänomens und arbeitet konkrete Interventions- und Präventionsmaßnahmen aus. Die AutorInnen tragen damit zur Aufklärung und zum verbesserten Umgang mit diesem heiklen, doch wichtigen Thema bei.

Renate Grønvold Bugge

Inhaltsverzeichnis

Arbeitsplätze sind Beziehungsplätze – Suizidalität im Unternehmen

1.1 Suizid im Umfeld der Arbeit

Suizide in Unternehmen und Organisationen sind ein Tabuthema, das bislang kaum untersucht wurde. Dabei sind Suizide im arbeitsnahen Umfeld keine Seltenheit: Adolf Merckle (1934–2009) ließ sich von einem Zug überrollen, nachdem sein Großunternehmen in Folge der Finanzkrise des Jahres 2008 in Liquiditätsnöte geraten war. Pierre Wauthier (1962–2013), Finanzchef des Rückversicherers Zürich, brachte sich um, weil er unter den aggressiven Umgangsformen im Unternehmen litt. Gerade Wauthiers Selbstmord gilt als rätselhaft, weil er in seinem privaten und beruflichen Leben als jemand galt, der nicht leicht aufgab. Ferner gibt es etliche Beispiele von Suizidwellen in der mittleren Führungsebene.

Dieses *essential* versucht, das Phänomen der Suizidalität am Arbeitsplatz näher zu bestimmen. Es teilt zumal die Erwartung der Suizidforschung, dass mehr Hintergrundwissen nicht nur helfen kann, die Zahl der Suizide – hier im Umfeld der Arbeit – zu verringern, sondern dass sich sozusagen vom Rand her dadurch auch neue Einblicke in das Verhältnis, das Menschen zu ihrem Arbeitsplatz haben, gewinnen lässt (Cullen 2014, S. 47; Kahn 2017, S. 59).

Suizide in Organisationen belasten das Arbeitsklima und wecken die Sorge, dass weitere folgen können. Zudem beeinflussen Suizide in Unternehmen natürlich auch die Außenwahrnehmung: Wie schlecht muss es um die Unternehmenskultur oder um das Betriebsklima bestellt sein, wenn Mitarbeiter keine Ausflucht mehr sehen und sich das Leben nehmen? Der Reputationsschaden für Unternehmen und Belegschaft ist beträchtlich.

Tatsächlich stehen Arbeit und Suizid in einem merkwürdigen Verhältnis zueinander: Arbeit ist ein Kollektivphänomen – es setzt voraus, dass der Einzelne

© Springer Fachmedien Wiesbaden GmbH, ein Teil von Springer Nature 2020
M. von Senarclens de Grancy und R. Haug, *Suizidalität am Arbeitsplatz*,
essentials, https://doi.org/10.1007/978-3-658-28057-4_1

imstande ist, sein Affektpotenzial auf unbestimmte Zeit gemeinschaftlichen Interessen hinten anzustellen. Der Suizid hingegen ist ein einsamer Akt, dem in gewisser Weise ein erster, das heißt ein sozialer Tod vorausgeht. Das Unheimliche an Suiziden im Arbeitsumfeld liegt darin, dass man mit der Person, die sich das Leben nahm, soeben noch zusammengearbeitet hat, dass man ihr bei Meetings begegnete, mit ihr auf Dienstreisen war oder ihr E-Mails schrieb. Der Suizid macht einen Menschen schlagartig zu einem Fremden, der einem mit vielen Fragen zurücklässt. So war etwa Gaëtan Mootoo mehr als 30 Jahre für ein und dieselbe Nichtregierungsorganisation tätig, als er sich 2018 das Leben nahm. Warum wählte Mootoo dieses Ende? Wann entscheiden sich Kolleginnen, Mitarbeiter und Vorgesetzte für den Tod und gegen ein Verbleiben in ihren Organisationen? Vermutlich oftmals dann, wenn diese Organisationen selbst zu Todeszonen geworden sind (Cederstrom und Fleming 2012, S. 25 ff.).

In seinem Abschiedsbrief beklagt Mootoo den schlechten Umgang mit den Mitarbeitern und bringt damit implizit zum Ausdruck, dass sein Tod eigentlich anderen gilt, nämlich denjenigen, die nichts gegen die schlechten Umgangsformen unternommen haben. Der Suizid ermöglichte es ihm, die für ihn in seiner Organisation längst unerträglich gewordene Situation zu verlassen. Die Selbsttötung wird somit zur Selbsterlösung aus einer unvollkommenen Situation, die nicht mehr ertragen werden kann; überdies markiert der Suizident mit dem eigenen Tod gerade diese Unvollkommenheit der Verhältnisse und Beziehungen. Diese doppelte Funktion des Suizids zeigt sich auch im Abschiedsbrief eines Angestellten von France Télécom vom 19. Juli 2009:

> „Ich habe mich wegen meiner Arbeit bei France Télécom umgebracht. Das ist der einzige Grund. Dauernde Dringlichkeit, überlastet von der Arbeit, das Fehlen von Ausbildung, die totale Desorganisation des Unternehmens. Ein Management, das über Terror funktioniert. Das hat mich selbst völlig durcheinandergebracht und verstört. Ich bin zum Wrack geworden, es ist besser, dem ein Ende zu setzen."[1]

Arbeit sollte eigentlich vor der Not des Lebens schützen. Denn sie garantiert nicht nur eine Position in der Organisation, sondern auch die Stellung in der Gesellschaft. Der Verlust des Arbeitsplatzes – schon seine „totale Desorganisation" – kann Betroffene daher in tiefgreifende Krisen stürzen, die in extremen Fällen auch in den Suizid führen. Umstrukturierungen, in deren Folge der

---

[1]https://www.heise.de/tp/features/Moerderische-Arbeitsbedingungen-und-individuelle-Verzweiflungsakte-3382638.html. Zugriffen: 10. Juli 2019.

Druck steigt oder Mitarbeiterinnen ihre gewohnten Positionen verlieren, ferner eine als unmenschlich empfundene Unternehmenskultur, das Fehlen von Verantwortungsbewusstsein bei Führungskräften, Mobbing, Bullying und so weiter wirken sich äußerst belastend auf das Wohlergehen von Mitarbeitern aus. So kommt es, dass Arbeit die Not des Lebens nicht mehr mindert, sondern sie erst hervorbringt.

Wie im Fall von Amnesty International, wo sich 2018 zwei Mitarbeiter – einer von beiden war der bereits genannte Gaëtan Mootoo – das Leben nahmen. Die Nichtregierungsorganisation ließ die tragischen Ereignisse durch eine private Unternehmensberatung untersuchen. In deren *Staff Wellbeing Review,* der im Internet frei verfügbar ist, schreiben die Autoren: „Amnesty as a working environment is often described as ‚toxic'" (KonTerra Group 2019, S. 5). Am Beispiel von Amnesty (aber es lassen sich viele weitere Fälle nennen) lässt sich zeigen, wie Organisationen in ihrer schützenden und haltgebenden Funktion versagen können. Wir werden im Kapitel über Präventionsmaßnahmen noch ausführlicher auf den Bericht zu sprechen kommen. Die Beispiele zeigen jedoch die Bedeutung einer Minimierung des psychologischen Risikos mit der Folge einer Erkrankung der Organisation und ihrer Mitglieder.

Um gegen das Durchgreifen realer psychischer Phänomene mit schwerwiegenden Folgen für das Unternehmen gewappnet zu sein, sollten die Reifeprozesse einer Organisation unterstützt und gefördert werden. Ansatzpunkte für diese Arbeitsweise sind das Verhältnis der Mitarbeiter untereinander, die Bereitschaft, Verantwortung für Kolleginnen und die Organisation zu übernehmen, die Lern- und Integrationsfähigkeit auf allen Hierarchieebenen und insbesondere die Rolle von Sprache und Sprechen im Kontext der Organisationskultur.

1.2   Tote Organisationen

In ihrem Klassiker *Dead Man Working* fragen die Autoren Cederstrom und Fleming, warum die heutige Arbeitswelt Menschen produziere, die sich zwischen Leben und Tod bewegen (ebd., S. 16). Sie formulieren die These, dass in den kapitalistischen Gesellschaften Arbeit oftmals wie ein Tod bei lebendigem Leib wahrgenommen wird. Bei aller berechtigten Kapitalismuskritik ist aber auch zutreffend, dass es viele Menschen gibt, die es genießen, zur Arbeit zu gehen und die sich gerne mit den Zielen ihrer Organisationen identifizieren. Es trifft sie dann umso härter, wenn Veränderungen diese Quelle des Genießens und der Identitätsbestätigung zerstören und ihr Unternehmen in eine tote Organisation verwandeln.

Organisationen bewegen sich stets zwischen Veränderungsdruck und Homöostaseneigung (Lohmer und Wernz 2000): Die Notwendigkeit der Innovation, das heißt der Veränderung bestehender Verhältnisse in einer Organisation, trifft als Gegenspieler auf die Tradition, die ihre auf Gewohnheit und Bewährtheit aufbauenden Prinzipien verteidigt. Aber es ist weder die Veränderung noch das Festhalten an der Tradition an sich, die eine Organisation zu einer toten werden lässt, sondern die Art und Weise der Umsetzung. So führten bei France Télécom zwischen 2008 und 2009 die mörderischen Arbeitsbedingungen – insbesondere die als brutal empfundene neue Ausrichtung auf Effizienzkriterien – zu einer ganzen Reihe von Suiziden. Überdies gibt es Organisationen, die angesichts eines bevorstehenden Konkurses, einschneidender Jobverluste oder aus Scham (Senarclens de Grancy und Gisch 2020) todesähnliche Zustände erleben, in denen niemand mehr bereit ist, Verantwortung zu übernehmen, Initiative zu ergreifen oder über die Situation zu sprechen. Es kann dann noch lange dauern, bis die Organisation bereit ist zu realisieren, dass die eigene Existenz massiv bedroht ist. Vier Stadien der Verarbeitung bzw. des Umgangs mit der Situation sind denkbar: Erstarrung, Trotz, Desorganisation und Verzweiflung sowie Reorganisation.

In der Phase des Trotzes wird versucht, die Erstarrung durch die Wiederherstellung des ursprünglichen Zustands zu überwinden – etwa indem Verluste kompensiert, eilig neue Geschäftskonzepte aus dem Boden gestampft oder eingebüßte Privilegien eifrig durch neue ersetzt werden. Strukturell erscheint der Versuch der Wiederherstellung des ursprünglichen Zustandes allerdings wie die Vertiefung einer unbewussten Todesfantasie. Es folgt das Abrutschen in Desorganisation und Verzweiflung. Idealerweise sollte diese Phase dazu genutzt werden, die Verluste zu betrauern und die eigene Unvollkommenheit anzuerkennen. Denn erst durch diesen Prozess gewinnen suizidale Organisationen und ihre Mitglieder die nötige Distanz, um die veränderten Verhältnisse anerkennen zu können. Es gilt demnach, die erforderlichen Rahmenbedingungen für die nötigen Loslösungs- und Reorganisationsprozesse zu schaffen. So verständlich der Wunsch nach Stabilität, Verlässlichkeit und homöostatischer Ruhe auch ist, er darf nicht dazu übergehen, die Funktionsstrukturen einer Organisation todestriebartig stillzustellen.

Angst ist ein wichtiger Indikator für den Grad der Gedankenfreiheit in der Kultur einer Organisation. Was würden Sie tun, wenn Sie keine Angst hätten? Sollte die Antwort zu weit vom Organisationsalltag wegführen, liegt wohl etwas im Argen. Insofern weist Angst auch auf Schieflagen in Unternehmen hin, auf ein Klima der Verunsicherung, auf zu viel Stress und Druck und übermäßige Frustration, auf Ausgrenzung, Mobbing, Ungerechtigkeit, mangelnde Kommunikations- und Fehlerkultur, Amoralismus, Intransparenz, auf eine *them-versus-us*-Dynamik und vieles mehr. In jedem Fall gilt es herauszufinden, womit die Angst assoziiert ist, um die Organisation vor dem Erstarren zu bewahren. Im Spannungsbereich zwischen Homöostaseneigung und Veränderungsdruck gilt es, eine Balance zu finden, die es einer Organisation und ihren Mitarbeiterinnen ermöglicht, mit den komplexen und dynamischen Herausforderungen der Märkte und des Menschseins zugleich umzugehen. Ob und wie toxische Organisationskulturen genesen können, besprechen wir etwas weiter unten. Es steht zu vermuten, dass tote Organisationen nur im Rahmen eines gemeinschaftlichen Lernprozesses wiederbelebt werden können, der von der obersten Führungsebene ausgehen sollte.

1.3   Rolle der Führung

Die Suizidwellen, die vor einiger Zeit in französischen Unternehmen wie Peugeot und Renault stattfanden, lassen sich nicht ohne die Einbeziehung der Rolle der Führungsebene analysieren. So gab es 2008 auf 2009 bei der France Télécom 35 Suizide von Angestellten innerhalb von nur 18 Monaten. Das Management sprach angesichts dieser hohen Zahl von Selbsttötungen von einer „Epidemie" und leugnete zunächst jeden Zusammenhang zur Unternehmenspolitik. Aus den diversen Abschiedsbriefen wurde allerdings deutlich, dass das menschenverachtende Management unter Didier Lombard und dessen groß angelegtes Umstrukturierungsprogramm mit bis zu 22.000 Stellenstreichungen maßgeblich zu den Selbsttötungen geführt hatten.

Der französische Psychoanalytiker Christophe Dejours verortet die Verantwortung für die Suizidwelle bei den von ihm untersuchten französischen Unternehmen klar bei der Führung (Dejours und Bègue 2009). Etwa seien die neuen Instrumente des Managements zur Kontrolle der Angestellten ein Faktor gewesen, sofern sie zu einer Verschlechterung der verschiedenen symbolischen Formen der Anerkennung geführt haben, was sich besonders negativ auf die berufliche Identität und das Wohlbefinden der Beschäftigten ausgewirkt hätte. Eine weitere Ursache sieht Dejours in individualisierten Leistungsbewertungen: Diese Methode, die auf „fehlerhaften wissenschaftlichen Grundlagen" beruhe, erzeuge einen übertriebenen internen Wettbewerb und lasse die kollegiale Solidarität erodieren. Auch der Bericht der KonTerra Group zu den Suiziden bei Amnesty International betont die zentrale Bedeutung des Gruppenzusammenhalts sowie des gegenseitigen Respekts in Unternehmen und empfiehlt sie als eine von fünf Stellschrauben zur Verbesserung des Mitarbeiterklimas (KonTerra 2016). Auch wenn der KonTerra-Bericht eindeutige Schuldzuweisungen vermeidet, kann er nicht umhin zu sagen, dass die Verantwortung für eine solidarische Organisationskultur letztlich bei der Führung liegt. So erscheint es nur folgerichtig, dass die gesamte Spitze der Menschenrechtsorganisation infolge der beiden Suizide zurücktrat.

Dessen ungeachtet sollte man der Führungsetage keinesfalls pauschal vorwerfen, für einen Suizid im Unternehmen verantwortlich zu sein; sie sind vielleicht erst seit kurzem in der Verantwortung oder leiden mitunter selbst unter den Arbeitsbedingungen. So schrieb Pierre Wauthier, ehemals Finanzvorstand bei Zurich Insurance, in seinem Abschiedsbrief: „Joe Ackermann is so far the worst Chairman I ever met".

Zwischenmenschliche Konflikte auf höchster Ebene können sich durchaus negativ auf die Organisationskultur auswirken. Suizidalität kann indes auch ein Effekt der modernen Arbeitswelt insgesamt sein, die, wie Dejours und Bègue (ebd.) kritisieren, durch die Zerstörung solidarischer kollegialer Bindungen die Neigung zu Suiziden am Arbeitsplatz befördere. Das Verschwinden der Solidarität sei überhaupt die Folge der stark veränderten Arbeitsbedingungen: Flexibilisierungsdruck, die ständige Gefahr einer Kündigung, der Wegfall von Privilegien, Statussymbolen und individuellen Freiräumen bei der Arbeitsplatzgestaltung – diese und weitere Faktoren untergraben jede Form der Zusammengehörigkeit und wirken Dejours und Bègue zufolge in suizidaler Weise auf die Arbeitswelt ein. Nicht wenige Menschen erleben in ihrer beruflichen Funktion eine ethische Krise, haben jedoch keine Kollegen in ihrer Umgebung, denen sie Zweifel, Ängste und Sorgen vertrauensvoll mitteilen können. Der Psychoanalytiker bezeichnet diesen Zustand als eine Zwangsindividualisierung, die die Ressourcen des Einzelnen bis zur physischen und seelischen Erschöpfung aufzehre. Für manche gerät dann der Suizid in den Fokus des einzig verblieben Auswegs.

Aus Sicht der Führungsebene gilt es daher, Tendenzen einer Intoxinierung der Organisation etwa als Folge von Überlastung, Effizienzdenken, Isolierung, Mobbing und ähnlicher Faktoren zu erkennen und ihnen rechtzeitig entgegenzuwirken. Schließlich hat jeder Suizid seine Vorgeschichte und steht in Zusammenhang mit einer spezifischen Organisationskultur, die in wesentlichen Teilen unbemerkt regredieren konnte – mit der Konsequenz, dass die Organisation und ihre Mitglieder sich gegen ihre zunehmende existenzielle Unsicherheit auf primitivere Umgangs- und Verteidigungsformen zurückziehen mussten (Wilke 2012).

Das Selbst töten – Grundlegendes zum Suizid

2

2.1 Kleine Kulturgeschichte des Suizids

Der Suizid hat die Menschheit immer schon fasziniert und abgeschreckt zugleich. Dies kommt bereits in der Frage zum Ausdruck, ob man legitimerweise von Selbstmord sprechen darf, wenn sich jemand das Leben nimmt. Ist der Suizid ein Mord oder ein persönliches, autonom gewähltes Schicksal? Ist er ein Mord, rückt er damit in den Bereich von strafbaren Handlungen, auf die eine Gefängnisstrafe steht. In der Tat gab es Zeiten und Kulturen, die Menschen, die versucht hatten, sich umzubringen, einsperrten. Insoweit stellt sich beim Suizid die komplexe Frage, wie diese Tat moralisch, juristisch und ethisch bewertet werden sollte.

Der französische Nobelpreisträger für Literatur, Albert Camus, schrieb 1942 einen Essay über Sisyphos, dessen erster Satz lautet: „Es gibt nur ein wirklich ernstes philosophisches Problem: den Selbstmord." Camus wirft in seinem Essay die Frage nach dem Wert des Lebens auf, und welche Haltung jemand zu einem Leben einnehmen sollte, das ihm nicht lebenswert erscheint. Gibt es einen Ausweg aus der Sackgasse, in der sich jemand befindet, der sich eines als sinnlos empfundenen Lebens durch Freitod zu entledigen beabsichtigt? Um sich dieser Frage anzunähern, lenkt Camus den Blick auf Sisyphos, der nach dem antiken Mythos dazu verdammt ist, den immer selben Stein einen Berg hinaufzurollen, von wo er ihm jedes Mal wieder herabrollt, auf dass er die Mühen zu wiederholen hatte – ein mühevolles Leben ohne Sinn und Entlohnung. Sisyphos hätte sich der Monotonie und Ausweglosigkeit seines Schicksals vielleicht am liebsten durch Suizid entzogen, dennoch gelangt Camus gegen Ende seines Essays zu der Einschätzung, dass Sisyphos gar nicht einmal das schlechteste Los gezogen hat und wir ihn uns getrost als einen glücklichen Menschen vorzustellen haben. Denn bei aller Sinnlosigkeit des Lebens wird es nicht besser, wenn wir uns aufgeben;

© Springer Fachmedien Wiesbaden GmbH, ein Teil von Springer Nature 2020

M. von Senarclens de Grancy und R. Haug, *Suizidalität am Arbeitsplatz,*

essentials, https://doi.org/10.1007/978-3-658-28057-4_2

vielmehr steckt ein gewisser Sinn des Lebens gerade darin, sich immer wieder aufs Neue zu bemühen, selbst wenn der Ertrag der Mühen minimal ist.

Während sich Sisyphos nun vielleicht tatsächlich glücklich schätzen sollte, ließe sich dergleichen von einem anderen Helden der antiken Mythologie sicher nicht behaupten: Ödipus. Dieser antike Held löst zwar das Rätsel der Sphinx und rettet seine Stadt Theben vor der drohenden Pest, doch nützt ihm all seine Klugheit nichts in den eigenen Belangen. So geschieht es, dass er, ohne es zu wissen, seinen Vater ermordet und seine leibliche Mutter ehelicht, um mit ihr zwei Kinder zu zeugen. Ödipus steht beispielhaft dafür, wie jemand schuldlos schuldig werden kann. In Hinblick auf den Suizid führt sein Schicksal jedoch zu einer weiteren wichtigen Frage: Wem gehört das Selbst? Ödipus gehört sein eigenes Selbst offenkundig nicht, andernfalls hätte er wohl kaum die beiden zentralen Tabus – Vatermord und Mutterinzest – gebrochen. Sein Beispiel führt vor Augen, dass der Mensch sich selbst nicht hat und dass es darum durchaus vorstellbar ist, dass er sich verliert, gefährdet oder gar zerstört, ohne etwas dagegen tun zu können (Senarclens de Grancy 2018).

Eingedenk dieser Spaltungen des Selbst ist es mit Blick auf den Selbstmord alles andere als klar, welchem Teil des Selbst die Tat eigentlich gilt. Oder gilt sie womöglich einem anderen? Die Selbstmordimpulse der Neurotiker, schreibt Freud, erweisen sich regelmäßig als Selbstbestrafungen für Todeswünsche, die gegen andere gerichtet sind. (Freud 1912–1913a, S. 185, Fn. 3) Und ebenso ist nicht eindeutig, von wem die Tat ausgeht: Von den Autoritäten der Kindheit, vom allzu wesensverschiedenen Vater wie bei Kafka, der seinem Vater einen über 100 Seiten langen Brief schreibt – in der Hoffnung, dass sich durch ihn beide ein wenig beruhigen würden und Leben und Sterben leichter gemacht würde. Oder von einer Mutter nach Art der Medea, deren Ansinnen, aus Rache am Vater die eigenen Kinder zu töten, durch den Suizid zuvorgekommen wird? Zwei Beispiele, in denen seelische Konflikte und insbesondere die Rolle des Begehrens des anderen in suizidale Lagen führen können.

Mit dem Christentum betrat eine Figur die Weltbühne, die auch zu einer veränderten Sicht auf den Tod beitrug: Jesus Christus opferte sich der Erzählung des Neuen Testaments zufolge für die Menschheit, um sie von ihren Sünden zu erlösen. Damit ist das Thema des Märtyrertods angesprochen, bei dem jemand sein eigenes Leben für eine bessere Zukunft der Menschheit opfert. Das Wort „Märtyrer" bedeutet „Zeugnis ablegen" oder „sich erinnern". Der Märtyrer ist eine Person, die als Folge ihrer Hingabe an einen Gegenstand großes Leid erduldet. Gewisser Weise markiert sie mit ihrem Tod das Begehren, auf eine bestimmte Weise anderen zu dienen. Man hat es dann mit einer besonderen Art der Einwilligung in das eigene Sterben zu tun, die ihren ganzen Sinn aus der

Vorstellung schöpft, mit dem Selbstopfer anderen einen Dienst erweisen zu können. Dieses Motiv kann auch bei Suiziden bedeutsam werden, gestattet es doch, dem eigenen Sterben in der Fantasie einen letzten Sinn zu verleihen.

Mit Blick auf die Figur des Jesus Christus kommt hinzu, dass er, wie es im Neuen Testament heißt, von den Toten auferstand und gen Himmel ins Reich des Heiligen Vaters fuhr. Diese Möglichkeit, in die Obhut des beschützenden Vaters zurückkehren zu können, nimmt dem Tod einiges von seinem Schrecken. So fragt daher auch das Paulus-Evangelium: „Tod, wo ist dein Stachel?" Mit dem Christentum kommt es somit zu einer Neubewertung des Todes rund um Erlösungs- und Opferfantasien. Die veränderte Sicht auf den Tod als Opfer für die Menschheit berührt auch die Frage nach der moralischen Einordnung des Suizids, ferner nach dem Wert des irdischen Lebens schlechthin und nach der Bedeutung der Sehnsucht nach dem Tode im Sinne einer Erlösung von irdischen Qualen.

Dessen ungeachtet galt im Altertum sowie auch im Mittelalter ein generelles Suizidverbot, dessen Übertretung durch Strafen – auch am toten Körper – geahndet wurden (Macho 2017). Die großen Pestseuchen des Mittelalters sowie die Choleraepidemien im 19. Jh. führten dazu, dass über die Ansteckungsherde lebensbedrohlicher Erkrankungen geforscht wurde. Insbesondere begann man, die Todesraten systematisch zu dokumentieren und epidemiologische Statistiken einzuführen. Damit entstand zugleich ein neuer Diskurs, der sich um die Risiken alles Ansteckenden drehte und in dessen Einflussbereich auch der Suizid geriet. Doch konnte der Suizid ansteckend sein?

Im September 1774 erschien zur Leipziger Buchmesse Goethes Briefroman *Die Leiden des jungen Werther,* der seinen Autor in Deutschland über Nacht berühmt machte. Dieser Klassiker der Literaturgeschichte nimmt bekanntlich ein tragisches Ende, als der junge Rechtspraktikant Werther sich aufgrund einer unglücklichen Liaison zu der bereits vergebenen Lotte das Leben nimmt. Dieser fiktive Suizid machte insofern einen starken Eindruck auf das Leserpublikum, als Werther etliche Nachahmer fand, die sich – von der Lektüre des Buches angeregt – gleichfalls das Leben nahmen. Mit dem Verbot von Goethes Roman sollte verhindert werden, dass weitere Menschen in seinen Bann gerieten und ihrem Leben selbst ein Ende setzten. Dass indes von einem Buch eine suizidale Ansteckungsgefahr ausgehen konnte, war bis dahin undenkbar gewesen. Tatsächlich wird es jedoch in Goethes Roman genauso beschrieben, denn Werther las, kurz bevor er sich erschoss, seinerseits in einem Roman. Seither benennt der sogenannten Werther-Effekt das Phänomen der suizidalen Ansteckungsgefahr, die phänomenologisch – wie erwähnt – in die Nähe der Seuchengefahr rückte und seither ebenso anhand von Statistiken dokumentiert wird.

Die Vorstellung, der Suizid sei ansteckend wie eine Krankheit, hat bis heute seine angstmachende Wirkung nicht verloren. So gab und gibt es immer wieder Suizide, die öffentlich für Unruhe sorgen, weil von ihnen eine gewisse Anziehung auszugehen scheint. Zu denken wäre hier etwa an den Schriftsteller Heinrich von Kleist (1777–1811), den Maler Carlos Casagemas (1880–1901) oder den Schauspieler Heath Ledger (1979–2008), die sich alle noch in jungen Jahren das Leben nahmen, obwohl ihnen eine erfolgreiche Künstlerkarriere in Aussicht stand. Oder auch Menschen vom Adel, die das Privileg besitzen, ein Leben frei von materiellen Sorgen führen zu können, und die sich dennoch umbringen. Wie im aufsehenerregenden Fall des Bayerischen Thronfolgers Ludwig II (1845–1886), der sich – vermutlich um vor dem psychischen Druck zu entfliehen, die ihm seine homosexuellen Neigungen bereiteten – im Starnberger See ertränkte.

Dass sich die Bewertung des Suizids in unserer Gesellschaft inzwischen verändert, lässt sich derweil an verschiedenen Merkmalen ablesen. Etwa gibt es Medienkampagnen wie jene mit dem Titel „Mein Ende gehört mir!", die für aktive Sterbebegleitung wirbt. Der Suizid hat nicht mehr nur den Beigeschmack von Sünde und Verbrechen am eigenen Körper, sondern wird von den verschiedenen Feldern gesellschaftlicher, politischer und wissenschaftlicher Diskurse differenziert betrachtet. Thomas Macho spricht in seinem Buch *Das Leben nehmen* (2017) vom Suizid als einer Selbsttechnik, deren Entwicklung eng mit der Säkularisierung sowie insbesondere mit der Geschichte der Massenmedien – darunter auch Abschiedsbriefe – zusammenhänge: Erst mit dem Aufkommen von Abschiedsbriefen im 18. Jahrhundert könne das Ende des Selbst einem bestimmten Zweck gewidmet werden. Wie in diesem Fall: „Somebody had to do it. Self awareness is everything."[1]

2.2   Der eigene Tod als Äußerlichkeit des Wissens

Über den Suizid sprechen heißt immer auch, sich mit dem eigenen Verhältnis zum Tod auseinanderzusetzen. Allerdings stellt der eigene Tod eine Äußerlichkeit des Wissens dar, sofern niemand über ihn aus eigener Erfahrung berichten kann. Und tatsächlich kaschiert die Haltung zum eigenen Tod häufig nur notdürftig die Verleugnung, die der Tod regelmäßig erfährt. In Wirklichkeit benehmen wir uns, als gäbe es den Tod nicht, sofern sich das Leben auch erst dann recht genießen

---

[1]Eine Auswahl anonymer Abschiedsbriefe vgl. Willemsen 2002.

lässt, wenn – wie beim Rauchen oder bei Risikosportarten – eine gewisse Gefahr für Leib und Leben mitschwingt. Überall finden wir die Tendenz, sagt auch Freud, den Tod beiseite zu schieben, ihn aus dem Leben zu eliminieren und totzuschweigen: „Im Unbewussten ist jeder von uns von seiner Unsterblichkeit überzeugt."

Doch gibt es Ereignisse und Entwicklungen, die den eigenen Tod mit Wucht ins Zentrum der Aufmerksamkeit katapultieren: Die Diagnose Krebs, der Tod eines nahen Menschen, Unfälle, aber auch blutige Anschläge und Unfälle, Genozide oder Krieg. Dabei hofft man immer darauf, das eigene Leben möge verschont bleiben, wenn Tod und Vernichtung nahen. Doch was passiert mit dieser Hoffnung beim Suizid?

Freud zögerte lange, einen Todestrieb anzunehmen. In *Jenseits des Lustprinzips* (1920g) ringt er sich jedoch zur Aufstellung einer solchen Tendenz im seelischen Leben durch; er nimmt von ihr an, dass sie zum Zustand des Anorganischen zurückkehren will. Freuds Todestrieb bietet indes einen Ansatz, um auch suizidale Phänomene besser zu verstehen, sofern der Tod hier als eine Tendenz erscheint, die es auf Ruhe, Reizlosigkeit und Homöostase abgesehen hat. Im Grunde erleben wir den Todestrieb allabendlich am Werk, wenn wir den Wunsch verspüren, zu Bett zu gehen und ungestört zu schlafen. Der Suizid erfüllt diesen Wunsch in gewisser Weise auf Dauer.

Der Ruhewunsch ist dem Menschen mit in die Wiege gelegt, und er taucht an verschiedenen Stellen auf. Im alttestamentarischen Ursprungsmythos vom Leben Adam und Evas im Paradies befindet sich der Mensch ganz im Einklang mit der Natur umgeben von Pflanzen und Tieren. In dieser Erzählung erscheint die Welt als heil und frei von Zwist und Zweifel. Erst der Tod, der als Strafe für den Genuss der Früchte des Wissens über Adam und Eva verhängt wird, rückt die Endlichkeit des Daseins in den Fokus – und damit zugleich den Wert des Lebens. In dieser Sichtweise übernimmt der Tod eine strukturierende Rolle im Leben des Menschen. Heilsfantasien, wie sie Ideologien, Sekten und manche Religionen entwickeln, versuchen, an die paradiesischen Zustände anzuknüpfen und die Illusion eines unantastbaren Lebens zu suggerieren. Doch gibt es das, ein Leben, in dem es nichts zu befürchten und nichts zu verlieren gibt? Der Tod ist jedenfalls immer da, er lässt sich nicht aus der Welt schaffen, vielmehr sollte es uns darum gehen zu lernen, mit ihm umzugehen.

Der Werther-Effekt zeigt, dass vom Tod ein Sog ausgehen kann. Dieser Sog des Todes wird nirgends deutlicher spürbar als bei der Melancholie, wo er den Tod auf den Trieb hin fixiert, der unveränderlich wirkt, ohne je ins Bewusstsein zu gelangen (Kläui 2018). Heute spricht man von Depression, doch dient der veraltete Begriff der Melancholie dazu, depressive Zustände von der Trauer abzugrenzen, wie sie nach dem Verlust einer nahestehenden Person oder einer liebgewonnenen Sache aufkommt. Freud (1916–1917g [1915]) schreibt über die Melancholie, dass bei ihr der Schatten des Objekts auf das Ich gefallen sei. Die verlorene Person oder die abhandengekommene Sache ist nach wie vor präsenter Teil des Vorstellungslebens. Während es jedoch bei der Trauerarbeit gelingt, die Trennung vom verlorenen Objekt auch innerlich zu vollziehen, misslingt die Ersetzbarkeit beim depressiven Verarbeitungsversuch der Melancholie. Die Bedeutung der Ersetzbarkeit liegt darin, dass eine Verschiebbarkeit auf der Ebene der Erinnerung möglich wird und wir nicht am Verlorenen kleben bleiben (Kläui 2018). Denn dieses Klebenbleiben am Verlorenen birgt die Gefahr, in den Bann von etwas Totem zu geraten, dem dann Selbsthass und Feindseligkeit gelten. Was vielleicht verständlicher macht, weshalb beim Suizid ein Mensch bereit ist, sich selbst zu vernichten.

Das Merkwürdige am Suizid ist ja, dass der Mensch, der sich umbringt, doch nichts davon hat, tot zu sein. Insoweit muss es im Vorfeld eine Art des Genießens der Vorstellung vom eigenen Ende geben, die umso rätselhafter ist, als sich das Individuum dabei zu sich selbst stellt wie zu einem Objekt, sofern die Vorstellung vom eigenen Tod aus dem Ich ein lebloses Ding macht. Auch die Melancholie kann als ein Hinweis darauf verstanden werden, dass es beim Menschen ein ruinöses, selbstzerstörerisches Genießen gibt, welches das Ich zu einem bloßen Gegenstand werden lässt, den das Individuum verkommen lässt.

2.3   *Passage-à-l'acte* und Suizid

Angesichts der drängenden Frage, wie dem Suizid zuvorzukommen wäre, lässt sich ohne weiteres sagen, dass es der Platz in einer Gemeinschaft und das lebendige Miteinander sind, was Menschen in Krisen und ausweglosen Lagen noch am ehesten vor dem Suizid bewahrt. Wie noch zu sehen sein wird, betonen alle Präventivmaßnahmen daher auch die Bedeutung des Sozialen und der Einbindung in die Gemeinschaft. Erst nach dem Zerreißen des sozialen Bandes und der Auflösung aller haltenden zwischenmenschlichen Bindungen kommt es zum Mord am Selbst.

Der Mord zählt zu den schlimmsten Taten, die ein Mensch begehen kann, weshalb Mörder von der Gesellschaft – oftmals auch über die Zeit der verhängten Strafe hinaus – ausgeschlossen werden. Sie reagiert damit nicht zuletzt auf die Radikalität der Tat, ein anderes Leben zu beenden. Von hier aus lässt sich indes auch ermessen, welche Entschlossenheit erforderlich sein muss, um sich selbst das Leben zu nehmen.

Das Ausmaß dieses Handelns lässt sich mithilfe der Phrase *passage-à-l'acte* markieren. Der Ausdruck kommt aus der französischen Psychiatrie, die damit die gewalttätigen Impulshandlungen bezeichnet, die der Beginn eines psychotischen Schubs sein können. (Evans 1997, S. 198) Mithin Handlungen, die dem Markieren eben jenes Punktes dienen, an dem das Subjekt einen gewalttätigen Gedanken in die entsprechende Tat umsetzt. Die *passage-à-l'acte* beschreibt also den Sprung in die Tat mit unabwendbaren Konsequenzen für den Handelnden und sein soziales Umfeld. Für die Thematik des Suizids ist die Abgrenzung zum Agieren interessant, die Lacan in seinem Seminar über die Angst (2013) vornimmt; während beim Agieren *(acting out)* jemand einen Konflikt wiederholt inszeniert, um dadurch gleichsam mittelbar seine oder anderer unbewusste Vorstellungen und Wünsche auszuleben, und damit in der Terminologie Lacans eine symbolische Botschaft an den großen Anderen formuliert, ist die *passage-à-l'acte* ein ungeheurer Akt ohne Bedeutung – eine Flucht ins Reale. Beide – *passage-à-l'acte* wie auch *acting out* – sind „letzte Zuflucht vor der Angst, doch während das Subjekt des *acting out* am Schauplatz verbleibt, impliziert die *passage-à-l'acte* ein Verlassen dieses Schauplatzes" (Evans 1997, S. 198). Mit gravierenden Unterschieden: Erst die *passage-à-l'acte* zerreißt das soziale Band und schafft ein Ereignis, in dessen Folge alles unwiederbringlich anders ist als zuvor, insoweit die *passage-à-l'acte* den Weg zurück in die Gemeinschaft mit ihren konfliktregulierenden Möglichkeiten des sprachlichen Austauschs verwirkt. Die *passage-à-l'acte* steht insoweit für ein Verhalten, das die Brücken hinter sich abbricht und zur Ausgrenzung des Handelnden führt.

Das soziale Band kann indes bereits gerissen sein, bevor jemand sich das Leben nimmt. Diese Annahme scheint auch von Suizidfantasien belegt zu werden, insoweit sie häufig an einen toten einsamen Punkt führen, von wo es kein Zurück mehr gibt. Der Suizid vollendet insofern das, was auf der Ebene der sozialen Beziehungen – wenn vielleicht auch nur in der Vorstellung des Suizidenten – bereits stattgefunden hat. Vor diesem Hintergrund wird auch nachvollziehbar, weshalb das soziale Umfeld nach Überschreiten einer bestimmten Grenze nur noch begrenzten Einfluss hat gegen den überströmenden Affekt, der den Suizid ermöglicht.

Suizidale Krisen und Suizidrisiko 3

3.1 Zuspitzung von Krisen

Wie kommt es dazu, dass ein Mensch in einem bestimmten Moment den selbst-
gewählten Tod dem Leben vorzieht? Suizidale Krisen erscheinen für Außen-
stehende – wenn überhaupt – verständlicher, wenn äußere Belastungen wie der
Tod eines Angehörigen, der Verlust des Arbeitsplatzes oder ein anderes trauma-
tisches Erlebnis ersichtlich sind. Äußere Ereignisse können Verzweiflung und
Hoffnungslosigkeit erklären, sind aber nicht alleinig ausschlaggebend dafür, dass
ein Mensch Suizidgedanken oder -pläne entwickelt. Suizidale Gedanken lassen
sich als Teil einer psychosozialen Krise verstehen. Mit einer **psychosozialen
Krise** ist der Verlust eines seelischen Gleichgewichts gemeint, den ein Mensch
verspürt, wenn er mit Ereignissen und Lebensumständen konfrontiert wird, die
er im Augenblick nicht bewältigen kann. Die Bewältigung erscheint nicht möglich, da die Art und das Ausmaß des Erlebten die (durch frühere Erfahrungen)
erworbenen Fähigkeiten und erprobten Hilfsmittel überfordern, welche bis-
her zum Erreichen wichtiger Lebensziele oder zur Bewältigung von Herausforderungen dienen konnten (Cullberg 1978). Ausschlaggebend ist das subjektive
Empfinden der Belastung; so sieht es von außen aus, als habe sich nichts
verändert, während die betroffene Person den Tropfen spürt, der das Fass zum
Überlaufen bringt.

Man unterscheidet zwischen **akuten traumatischen Krisen** (plötzlich ausgelöst durch Verlust, Katastrophen u. ä.) und **Veränderungskrisen** – also zum
Leben gehörende Entwicklungsaufgaben, wie etwa Auszug aus dem Elternhaus,
Berufseinstieg, Heirat, Pensionierung. Krisen gehen mit erhöhter Anspannung
und Belastung einher und damit einer erhöhten Vulnerabilität; gleichzeitig können sie auch Chancen für Veränderung sein. In **suizidalen Krisen** sieht ein

© Springer Fachmedien Wiesbaden GmbH, ein Teil von Springer Nature 2020   15
M. von Senarclens de Grancy und R. Haug, *Suizidalität am Arbeitsplatz,*
essentials, https://doi.org/10.1007/978-3-658-28057-4_3

Mensch keine andere Möglichkeit mehr, sodass ein Suizid zur Option wird, die
Krise zu „bewältigen". Suizidale Krisen sind häufig nicht akut ausgelöst, sondern die Zuspitzung eines langwierigen, ungelösten (inneren) Konflikts. Mit dem
Verlust einer Beziehung oder einer Arbeitsstelle fallen Stabilität, Sinnhaftigkeit und Ablenkung weg. Auch das Nachlassen oder Aufgeben der temporär
erleichternden Wirkung eines Suchtmittels, der Wegfall einer Zwangssympto-
matik, durch die Herausforderungen vermieden wurden, können destabilisierend
wirken. Die Angstanspannung nimmt so weit zu, dass – ähnlich wie bei der
passage-à-l'acte – nur noch Sprünge möglich sind, etwa von Gedanken zu Taten
oder im Sinne einer Logik des „Ich oder Nichts". In Krisen ist die **Fähigkeit
zur Mentalisierung**, zur Symbolisierung von innerpsychischen Zuständen,
beeinträchtigt und kann zusammenbrechen. Hierunter versteht man die Fähigkeit,
eigenem oder fremdem Verhalten Bedeutung zuzuschreiben, psychische Zustände
bei sich und anderen zu erfassen, zu reflektieren und von der äußeren Realität
zu differenzieren (Fonagy et al. 2002). Menschen in emotional aufwühlenden
und involvierenden Situationen greifen manchmal auf einen unreifen Modus der
Konfliktbewältigung zurück und vermischen psychische und äußere Realität.
Das resultiert in einer Form von konkretistischen Denkmodi, zum Beispiel dem
Äquivalenzmodus, in dem die innere Realität als identisch mit der äußeren wahrgenommen wird. Gedanken und Gefühle werden dabei zu Fakten oder Dingen
und können das Individuum überwältigen und vernichten. Im konkretistischen
Denkmodus können Todeswünsche und Suizidfantasien zur einzig möglichen
Handlungsrealität werden, um dem belastenden Grundkonflikt zu entkommen.

3.2   Entstehung von Suizidalität

Freud erklärt die Selbstmordneigung ausgehend von der Melancholie: Starke
sadistische Impulse haben eine Wendung gegen die eigene Person erfahren,
sodass es dem Suizidgefährdeten noch auf dem Umweg der Selbstbestrafung
gelingt, Rache an den ursprünglichen Objekten zu nehmen. Die Beziehung des
Subjekts zu den Objekten der Außenwelt wird also gelockert – letztlich ganz auf-
gehoben. Im vollzogenen Suizid erweisen sich die Objekte dann aber doch als
mächtiger als das Ich selbst (Freud 1916–1917g, S. 438 f.). Im Suizid kulmi-
niert also eine Auseinandersetzung mit den gewählten Objekten, mit den Stell-
vertretern des großen Anderen, das heißt mit dem Gesetz des Begehrens. Denn
der Suizident gibt die Position des Begehrens auf, das von uns Menschen fort-
während verlangt, uns in ein Verhältnis zum Mangel und zum Unvollkommenen
zu setzen. So nahm sich Carsten Schloter (1963–2013), Chef der Swisscom, das

Leben, weil er sich die Trennung von seiner Frau und den gemeinsamen drei Kindern, die er für eine andere Frau verließ, nicht verzeihen konnte.

Suizidalität entsteht aus Beziehungen heraus, in Bezug auf ein anderes „Objekt", von dem etwas gewünscht, erwartet oder nicht bekommen wird, das enttäuschend erlebt wird oder dessen Anerkennung und Wertschätzung fehlt. Dieses signifikante Andere muss nicht ein Mensch aus dem gegenwärtigen Leben der suizidalen Person sein, sondern kann auch aus der Vergangenheit (Eltern, Bezugspersonen) stammen. Topmanager Schloter, der sonst nur Erfolge kannte, bezeichnete die Trennung von seiner Familie als die größte Niederlage seines Lebens. Ausschlaggebend ist die innerlich repräsentierte Beziehung zu diesen Personen und deren Symbolik, und die offenen Bedürfnisse und Wünsche, die nicht befriedigt wurden, wie etwa unbeantwortete Wünsche nach Anerkennung und Liebe sowie damit verbunden auch Schuldgefühle, Bedürfnisse nach Genugtuung oder Rache. Etwa Rachegelüste gegenüber der abwesenden Mutter, verbunden mit der Vorstellung, sie zu Reue und Wertschätzung zu bewegen. Nicht selten resultieren suizidale Krisen aus früheren konflikthaften Beziehungskonstellationen.

Suizidalität kann als **intrapsychische und interpersoneller Regulationsversuch** aufgefasst werden, dem der Wunsch zugrunde liegt, eine Objektbeziehung zu verändern (Kind 1992). Sie ist vergleichbar mit einer Geiselnahme: Der suizidale Mensch nimmt sich selbst als Geisel, um das Objekt (den/die signifikante/n Andere/n) zu einer Veränderung zu bringen. Der Suizid soll als letzte Möglichkeit etwas abwenden, was schlimmer als der Tod erscheint.

Eine wichtige Rolle spielen zudem **Aggression** und **Aggressionsumkehr.** Eventuell konnte über lange Zeit die auf ein Außen bezogenen Aggression nicht ausgedrückt werden; der Ärger auf eine geliebte Person nicht geäußert werden, da ansonst der Verlust dieser Person droht (tatsächlich oder in der Vorstellung). Die Aggression kehrt sich um und wendet sich gegen das eigene Ich, was sich in Schuldgefühlen, Selbstentwertung, Selbstablehnung und auch in Suizidgedanken und -handlungen äußern kann. Sie richtet sich gegen die verinnerlichten Anteile und Beziehungserfahrungen – wie zum Beispiel gegen die Erinnerungen an den gewalttätigen Vater oder auch die eigene Ähnlichkeit zum abgelehnten Vater. Die Selbsttötung hat dann den Sinn, die eigenen schlechten Anteile zu zerstören und die guten zu schützen oder zu erhalten – als würden diese den physischen Tod überleben. Einige dieser psychoanalytischen Überlegungen lassen sich anhand von Roy Lichtensteins „Drowning Girl" von 1963 illustrieren (vgl. Abb. 3.1). Das als Meisterstück des Melodramas bezeichnete Kunstwerk zeigt eine verzweifelt wirkende Frau, die einsam in tosenden Wellen unterzugehen droht. In ihren Gedanken bezieht sie sich auf einen Mann, dessen Hilfe sie ablehnt und dabei sogar das Versinken vorzieht; ein verlorenes oder enttäuschendes Objekt, gegen

Abb. 3.1 Lichtenstein, R. (1963). Drowning Girl. © Museum of Modern Art, New York City

das sie sich wehren, behaupten, abgrenzen oder schützen muss. Hier zeigt sich, wie sogar der (potenzielle) Tod einer scheinbar unaushaltbaren Vorstellung vorgezogen wird, die sich in einem Beziehungsrahmen konstelliert. Der Tod wird zum Selbstbehauptungsversuch, in dem das Selbstbild vermeintlich wiederhergestellt wird, das von bereits geschehener oder drohender Verletzung beeinträchtigt scheint.

Suizidale Menschen haben mitunter auch eine narzisstische Problematik (Bronisch et al. 2014). Narzisstische Problematik meint hier eine Sensibilität in Bezug auf den Selbstwert, die in der frühen Entwicklung wurzelt. Solche Menschen sind leicht kränkbar und leiden unter einem geringen Selbstwertgefühl, das sie nicht mit einer Überschätzung der eigenen Fähigkeiten oder Ansprüche integrieren können. Häufig zeigen sich auch unrealistische Einschätzungen anderer Personen (z. B. welche Wünsche diese erfüllen könnten) bei gleichzeitig hohem Abhängigkeitsgefühl. Bisweilen werden auch **Kränkungen** zum Auslöser für Suizidalität, sie können sich zu einem massiven aggressiven Potenzial steigern, das sich gegen das Selbst wendet. Auf der imaginären Ebene rettet oder bewahrt der Suizid dann das Selbstideal.

Suizidalität kann aus unterschiedlichen Wünschen und Bedürfnissen heraus entstehen sowie im Dienste der Abwehr ganz unterschiedlicher Ängste stehen. Es lassen sich **vier Dynamiken der Suizidalität** unterscheiden (Kind 1992; Giernalczyk 2003):

- **Fusionäre Suizidalität:** Suizidalität ist Ausdruck einer Sehnsucht nach „Verschmelzung" – als Vereinigung mit einem geliebten anderen; häufig bei Beschämung oder Kränkungen in narzisstischen Krisen.
- **Antifusionäre Suizidalität:** Suizidalität dient als Schutz vor (unbewussten) „Verschmelzungsängsten" – als Verhinderung einer drohenden Beschränkung der Autonomie.
- **Manipulative Suizidalität:** Suizidalität als Appell an ein Gegenüber mit dem Ziel, ihn an sich zu binden (Objektsicherung), zu verändern (Objektveränderung) oder sich unaushaltbarer Gefühle zu entledigen (Affektentladung).
- **Resignative Suizidalität:** Suizidalität ist die Konsequenz daraus, die Welt aufzugeben – zur Vorbeugung von (unbewusst) erwarteten Enttäuschungen.

3.3   Suizidrisiko und Einschätzung der Gefährdung

Hilfreich bei der Einschätzung von Suizidalität und Suizidrisiko sind Kenntnisse über typische Risikofaktoren und Entstehungsprozesse, Phasen suizidaler Krisen und die Ausprägung des suizidalen Syndroms.

Risikofaktoren
Mit Hilfe von Statistiken können Risikofaktoren ausgemacht werden, bei deren Vorliegen von der Wahrscheinlichkeit einer suizidalen Krise oder eines drohenden Suizids auszugehen ist. Nicht zwangsläufig bedeuten Risikofaktoren jedoch die Entwicklung eines suizidalen Syndroms. Andererseits gibt es immer auch unbekannte Risikofaktoren. Dass es zu Suizidgedanken, einem Versuch oder einer tatsächlichen Selbsttötung kommt, hängt also von zahlreichen Einflüssen ab. Ein erhöhtes Auftreten suizidaler Phänomene findet sich statistisch bei:

- Menschen mit psychischen Erkrankungen, vor allem bei Depressionen
- Menschen mit Substanzabhängigkeiten und Suchterkrankungen (schädigender Alkoholkonsum, Medikamenten- und Drogenmissbrauch; auch exzessives Rauchen)
- niedrigem sozialen Status
- bei sozialer Desintegration (Arbeitslosigkeit, Vereinsamung, Diskriminierung u. ä.)
- männlichem Geschlecht
- alten und vereinsamten Menschen
- Menschen mit Ehe- und Lebenskrisen
- Impulsivität
- körperlichen Risikofaktoren: niedrigem BMI, niedrigem Cholesterinspiegel
- Angehörigen von Suizidenten
- Menschen mit vorausgegangenen Suizidhandlungen (Suizidversuchen)
- Menschen nach Suizidankündigungen

Die genannten Risikofaktoren gehen mit einer erhöhten Vulnerabilität einher, die auch bei Stress oder Druck am Arbeitsplatz zum Empfinden der Überforderung oder zu Burnout-Krisen führen können. Risiken, die speziell am Arbeitsplatz suizidale Krisen verursachen können, sind (vgl. Lukaschek et al. 2016):

- psychisch-mental: Überlastung, Leistungs- und Zeitdruck (Stress), Angst vor Versagen
- chronobiologisch: Nacht- und Schichtarbeit, Überstunden
- physisch: Schadstoffexposition, harte körperliche Arbeit, monotone Tätigkeit
- sozial: negatives Betriebsklima, Mobbing, Isolation, Angst vor Arbeitsplatzverlust, Diskriminierung

Bestimmte Berufsgruppen weisen erhöhte Suizidraten auf, was mit den Arbeitsbedingungen wie auch dem Zugang zu Suizidmitteln (Drogen, Pestizide, Waffen) zusammenhängt. Demnach besteht bei medizinischen Berufen, bei Land- und Forstwirten, Polizeibeamten und Militärangehörigen ein statistisch erhöhtes Suizidrisiko. Bei Ärzten und Ärztinnen wurde ein erhöhtes Risiko depressiver Symptomatik festgestellt, welches mit einem erhöhten Stresslevel aufgrund der hohen Arbeitsbelastung, Erschöpfung und Schlafmangel sowie sozialer Isolation aufgrund mangelnder Freizeit in Verbindung gebracht wird. Nicht selten führt auch die Diskrepanz, mit Leiden und Tod konfrontiert zu sein und im eigenen ärztlichen Handeln zugleich beschränkt zu sein, in eine suizidale Verzweiflung (Lukaschek et al. 2016).

Exkurs: Rollenbilder, Gender und Suizidrisiko

In vielen Gesellschaften wird der männlichen Rolle zugeschrieben, dass sie sich vorrangig über Beruf und Erwerbstätigkeit definiert. Für einen Menschen, der seinen Selbstwert zum Großteil über seine Arbeit und den beruflichen Erfolg bezieht und einen signifikanten Teil seines Alltags bei und mit der Arbeit verbringt, haben Veränderungen, Stress oder Einbrüche am Arbeitsplatz und in der Branche eine hohe Bedeutung für das Selbstverständnis, das Sicherheitsgefühl und den Selbstwert. So kann es auch schon allein durch drohende berufliche Veränderungen zu existenziellen Krisen kommen.

Exkurs: Erfolg und Suizidrisiko

Paradoxerweise können auch bei sehr erfolgreichen Menschen Einbrüche am Arbeitsplatz oder in der Wirtschaft massive Existenzängste, Gefühle von Selbsthass, profunder Scham, Ausweglosigkeit und Wertlosigkeit hervorrufen. Ist der Selbstwert übermäßig oder allein an die berufliche Identität und den Erfolg gebunden, fühlen sich (auch drohende) Misserfolge wie der totale Zusammenbruch des Selbstwertgefühls an. Bei vom Erfolg „getriebenen" Menschen wird das noch verstärkt, indem sich vor dem Hintergrund der errungenen Karriere und der finanziellen und sozialen Erfolge ein bedrohliches Gefühl des „Verrats" einstellen kann: „Alles, für was ich mein Leben lang gearbeitet habe, war für nichts." In diese Kategorie fällt vermutlich der Suizid des Ratiopharm-Gründers Adolf Merckle (1934–2009). Hohe Leistungsansprüche an das eigene Ich und an die berufliche Karriere drängen andere Bereiche wie Familie, Freizeit und soziale Vernetzung in den Hintergrund. In Krisenzeiten können sie dann nicht zum Ausgleich und zur Unterstützung dienen.

Präsuizidale Entwicklung

Suizidalität kann aus einem spontanen Impuls oder aus einem akuten psychotischen Moment heraus entstehen. In den meisten Fällen allerdings entwickeln sich suizidale Gedanken und Gefühle über einen langen Zeitraum. Nach einer Studie von Pöldinger (1968) werden verschiedene Entwicklungsstadien unterschieden, die Menschen in suizidalen Krisen durchlaufen. Bei der Einschätzung der Suizidgefährdung sollte berücksichtigt werden, in welcher Phase sich eine Person befindet – ansonsten wird etwa eine Beruhigung missinterpretiert oder eine Ambivalenz übersehen.

In einer ersten **Phase der Erwägung** stellt der Suizid *eine* Lösungsmöglichkeit dar, einem als nicht aushaltbar empfundenen Zustand zu entkommen. Häufig handelt es sich um Gedanken an den Tod, die Erleichterung mit sich bringen.

Solche Gedanken kennen viele Menschen, sie bedeuten nicht zwangsläufig eine Suizidabsicht. Neben diesen Gedanken lässt sich oft auch gehemmte Aggression feststellen oder Gefühle von Wut und Machtlosigkeit. Darauffolgend kämpfen in einer **Phase der Ambivalenz** selbsterhaltende und selbstzerstörende Kräfte gegeneinander. Der Kampf kann sich in verschiedenen Konflikten äußern: zwischen Todeswunsch und der Angst vor dem Tod, zwischen einer Sehnsucht nach Liebe und der Scham über das eigene Versagen, zwischen Veränderungswünschen und Ohnmachtsgefühl. Die Fähigkeit zur Distanzierung und zur Steuerung der Gedanken und Gefühle wird eingeschränkt. Häufig entwickeln sich hier aktive Suizidfantasien. Teilweise kommt es zu direkten Ankündigungen oder Drohungen, meist aber zu versteckten Andeutungen, die aus dem „Kampf" heraus als Hilfeschreie verstanden werden sollten. In der Phase der Ambivalenz sprechen suizidale Menschen am ehesten offen über ihre Gedanken und Impulse und sind damit am besten ansprechbar bzw. erreichbar. Tritt die **Phase des Entschlusses** ein, so stellt sich häufig eine Art Erleichterung, Entspannung und Klarheit ein: Der Entschluss ist gefallen, nun folgt die „Ruhe vor dem Sturm". Eine solche Entspanntheit wird von außen häufig als Ende einer Krise verkannt. Es hat sich aber eine Resignation eingestellt, der suizidale Mensch zieht sich aus der Welt innerlich und äußerlich zurück, spricht nicht oder höchstens indirekt über das Vorhaben. Pläne werden konkreter, der Suizid wird vorbereitet. Aber: Auch eine klare Suizidabsicht und ein getroffener Entschluss sind nicht unumkehrbar und bedeuten nicht zwangsläufig, dass es keine inneren Ambivalenzen mehr gibt.

Präsuizidales Syndrom

Wie mag es wohl in einem Menschen zugehen, der über Suizid nachdenkt? Der Psychiater Erwin Ringel fand in Gesprächen mit Menschen nach Suizidversuchen drei innerpsychische Charakteristika, die den Suizidhandlungen vorausgingen und die der als **präsuizidales Syndrom** zusammenfasste (Ringel 1953). Zur Einschätzung der Suizidalität eines Menschen werden die drei Charakteristika seither als Warnsignale beachtet. In folgendem Gedicht kommen Aspekte davon zum Ausdruck.

„Immer enger wird mein Denken
immer blinder wird mein Blick,
mehr und mehr erfüllt sich täglich
mein entsetzliches Geschick.

Kraftlos schlepp ich mich durchs Leben
jeder Lebenslust beraubt,
habe keinen, der die Größe
meines Elends kennt und glaubt.

Doch mein Tod wird Euch beweisen,
daß ich jahre-, jahrelang
an des Grabes Rand gewandelt,
bis es jählings mich verschlang."
(Ringel 1984, S. 83)

Die im ersten Vers beschriebene **Einengung** lässt sich nicht nur im Denken (im Sinne von Gedankenkreisen und dem Verlust von Werten, Interessen und Sinnhaftigkeit) erkennen. Vor allem in der Gefühlswelt des suizidalen Menschen dominieren Affekte der Hoffnungslosigkeit, Negativität und Verzweiflung. Die Variabilität an Gefühlen ist eingeschränkt, gleichzeitig zeigt sich wenig affektive Resonanz im Kontakt zu anderen Menschen. Insgesamt engt sich der (empfundene und tatsächliche) soziale Spielraum der Person ein, Beziehungen werden vernachlässigt, die Person zieht sich zurück, isoliert sich, wirkt desinteressiert oder entwertet Bindungen. Das soziale Band wird gelockert, wenn nicht gar zerrissen. Dem Suizid geht der soziale Tod voraus.

Aus der gefühlten Ausweglosigkeit und der nicht zu bewältigenden Realität bietet sich die **Flucht in die Fantasie** an. Suizidale Menschen berichten von lebhaften, alternativen Fantasiewelten, in denen aktive Suizidgedanken oder auch passive, sich aufdrängende Suizidfantasien immer konkreter werden. Im Rückzug in die Fantasiewelt verdeutlicht sich erneut die Isolation, die im zweiten Vers des Gedichtes anklingt. Während suizidale Menschen nach außen hin meist, wie beschrieben, eher aggressiv gehemmt erscheinen, verstärkt sich innerlich eine „brodelnde" Aggression. Diese ansteigende und nach außen nicht auszudrückende Aggression richtet sich letztendlich vor allem gegen das eigene Selbst, was Ringel als **Aggressionsumkehr** bezeichnet. In Form von Selbstabwertungen, Schuldgefühlen, Verurteilung und dem Gefühl, dass das Leben keinen Sinn mehr hat.

Einschätzung des aktuellen Gefährdungspotenzials
Neben den genannten Risikofaktoren sind auffällige Veränderungen im Erleben und Verhalten von Kolleginnen und Mitarbeitern mögliche Warnsignale für eine Krise: Verhält sich jemand aggressiver und gestresster als sonst, wirkt ständig müde und erschöpft oder bezeichnet sich selbst immer wieder als Belastung für andere („Ihr wärt besser dran, wenn ich nicht wäre"). Ferner längere Krankschreibungen (Absentismus), aber auch außergewöhnlich viele Überstunden (Präsentismus), mangelnde Motivation oder weniger Produktivität im Vergleich zu sonst. Die Einschätzung, ob eine Person suizidal ist und welchen Grad das Gefährdungspotenzial hat, ist allerdings nur über das vertrauensvolle Gespräch möglich. Transparentes und einfühlsames Vorgehen sowie Nähe und Vertrauen

erhöhen dabei den Einfluss auf eine suizidale Person. Darf ich als Chefin oder Kollegin, Personalverantwortliche oder externer/interner Coach einen Menschen mit Verdacht auf Suizidgedanken ansprechen? Sonneck (2000) gibt für Personen in sozialen Berufen die Empfehlung: „Wenn Sie den Eindruck haben, jemand könnte lebensmüde sein – sprechen Sie ihn darauf an!" Jemanden direkt anzusprechen, hat entgegen gängiger Sorge oft eine erleichternde Wirkung für die betroffene Person, die womöglich selbst noch keine Sprache oder keine Ausdrucksmöglichkeit für ihr krisenhaftes Empfinden gefunden hat. Diese Empfehlung lässt sich mit Taktgefühl und Respekt vor der Privatsphäre auch auf den Arbeitskontext übertragen. Es geht zunächst vor allem um das **Gesprächs- und Beziehungsangebot,** das der Person gemacht wird, die als krisenhaft oder gefährdet empfunden wird. Somit dienen das Erfragen und Einschätzen von Suizidalität nicht nur einer „Abklärung" und Abschätzung des Gefahrenpotenzials; es ist bereits Teil des Beziehungsangebots an die Person, die sich in einer Krise befindet. Neben der zugewandten und vertrauensvollen Ansprache sollten ehrliches Interesse, Anteilnahme und die Sorge um ein passendes Hilfsangeboten leitbildgebend sein.

Doch nicht jeder oder jede kann und möchte ein solches Beziehungsangebot machen. Sich sorgende Mitarbeiterinnen können ermutigt werden, den Personalrat, einen internen Coach oder eine Person mit Gatekeeper-Funktion (vgl. Kap. 5) anzusprechen und einer erfahrenen Person das Gespräch zu überlassen. Die eigenen Grenzen sind wichtige Hinweise: Schnell kann das Gefühl, „Mitwisserin" zu sein, einen Druck erzeugen, der allein schwer zu tragen ist. Deshalb ist es ratsam, gemeinsam mit der betroffenen Person zu besprechen, welche Menschen ins Vertrauen gezogen werden können. Die Hemmungen zu überwinden und über Verzweiflung, Hilflosigkeit und Todeswünsche zu sprechen, ist zunächst eine Aufgabe der helfenden Person selbst. Empfohlen wird, eine klare Sprache und klare Worte zu benutzen, die weder beschönigen noch dramatisieren.

Aspekte zur Klärung des Gefahrenpotenzials (nach Sonneck et al. 2016)

- Seit wann bestehen die Suizidgedanken?
- Gibt es Menschen, die davon wissen?
- Art der Gedanken (überlegt/sich aufdrängend/Distanzierungsfähigkeit?)
- Welche Bedeutung haben die Suizidvorstellungen (Erlösung, Fluchtversuch)?
- In welchem Stadium der suizidalen Entwicklung befindet sich die Person (Erwägen, Möglichkeit, Entschluss)?
- Gibt es bereits konkrete Vorbereitungen und Pläne?
- Welches Ausmaß der Einengung liegt vor (affektiv, sozial, kognitiv)?

- Was sind bestehende Ressourcen/Fähigkeiten/Möglichkeiten (der Person selbst, des sozialen Umfeldes; auch in der Vergangenheit!)?
- Ist eine Kontaktaufnahme möglich?
- Welche Risikofaktoren treffen zu?

Mögliche Fragen nach Suizidalität (nach Giernalczyk 2003)

- Denken Sie daran, sich das Leben zu nehmen?
- Seit wann bestehen die Gedanken?
- Drängen sich die Suizidgedanken Ihnen auf?
- Haben Sie mit anderen darüber gesprochen? Und wie haben die reagiert?
- Wann wollen Sie sich umbringen? Haben Sie einen Plan, wie Sie sich töten wollen? Haben Sie einen Abschiedsbrief geschrieben?
- Haben Sie früher schon einen (mehrere) Suizidversuch(e) gemacht? Wie waren damals die Umstände? Wie sind Sie aus der Situation wieder herausgekommen?
- Haben Sie jetzt weniger Freunde als früher, haben Sie Interessen aufgegeben?

Krisenintervention 4

4.1 Herausforderung, Verantwortung, Chancen und Grenzen

Der Umgang mit Menschen in Krisen ist herausfordernd, für den Feingefühl und Sensibilität und die Fähigkeit, trotz emotionaler Aufwühlung immer wieder zu Ruhe und Besonnenheit zurückzukehren, entscheidend sind. Die Frage der Verantwortung stellt sich im Spannungsfeld von Organisation und Führung: Wie viel Verantwortung tragen Unternehmen, Arbeitgeberinnen und Führungskräfte für die Krise eines oder mehrerer Mitarbeiter? Gewiss dürfen sie nicht die Augen verschließen und sind verpflichtet, alles zu tun, um das Wohlergehen ihrer Mitarbeiter zu gewährleisten. Dennoch ist auch anzuerkennen, dass auch die Ressourcen von Führungskräften und Personalverantwortlichen begrenzt sind und dass in Organisationen nicht immer ausreichende Kapazitäten und Fähigkeiten zur Kriseninterventenion vorhanden sind. Daher ist der Einbezug von Beratern und die Vermittlung an professionelle Anlaufstellen immer eine Option, die in Betracht gezogen werden sollte.

Im Kontakt mit suizidalen Menschen und krisenhaften Situationen kommt es schnell zu intensiven Gefühlsreaktionen bei allen Beteiligten. Gefühle wie Angst, Ohnmacht und Hilflosigkeit können sich einstellen, aber auch Aggression und Ärger über die betroffene Person, die sich nicht helfen lässt, die das Gespräch verweigert, die in ihrer Bedürftigkeit Grenzen überschreitet oder scheinbar „egoistisch" an ihren Suizidgedanken oder Plänen festhält. Solche Empfindungen können dazu verleiten, übermäßig aktiv zu werden und als Personalverantwortliche zum Beispiel eigene Grenzen oder diejenigen anderer zu überschreiten. Deshalb ist es wichtig, die eigenen Gefühlsreaktionen im Kontext einer Übertragungssituation zwischen sich und der betroffenen Person einzuordnen und sie gegebenenfalls als eigenen Anteil an den aufkommenden Vorstellungen und Gefühlen wahrzunehmen und anzuerkennen. Selbst für Notfallpsychologen, Gatekeeper und weitere professionell Helfende bleibt es eine fortwährende Herausforderung, sich in die betroffene Person hineinzuversetzen und sich zugleich auch immer wieder innerlich zu distanzieren.

Hilfreiche Grundhaltung im Umgang mit Suizidalität

- wertfrei annehmen, dass Suizid eine Lösungsmöglichkeit darstellt
- Leiden ernst nehmen (auch wenn die Krise oder die erfahrene Kränkung von außen „absurd" oder „lächerlich" erscheint)
- Fähigkeit zur Selbstwirksamkeit unterstützen (statt eigenem Aktivismus)
- nicht Hoffnung geben, sondern stellvertretende Hoffnung sein
- auch aktive Seiten der Person ansprechen
- Emotionen Raum geben
- eigene Begrenztheit als Helfende anerkennen
- Angst aushalten (die des Gegenübers und auch die dadurch bedingte eigene)
- den Wunsch des Anderen sehen

4.2   Gesprächsführung in Krisensituationen

Ein Gespräch zur Krisenintervention hat zum Ziel, das akute Krisengefühl der betroffenen Person zu lindern, einen Überblick über die aktuelle Situation, damit verbundenen Gefühle und Gedanken zu bekommen und erste Perspektiven zu entwickeln. Es zielt darauf ab, der Situation den Druck zu nehmen und Zeit zu schaffen. Als hilfreich erlebt wird vor allem, wenn drängende Emotionen ausgelebt werden können und verschiedene Anteile Raum haben: sowohl Anteile, die leben wollen, wie auch Anteile, die sterben wollen. Das Benennen und gemeinsame Aushalten solcher Ambivalenzen bringt bereits eine erste Entlastung mit sich. Ein Krisengespräch muss nicht immer gleich zu einer idealen Lösung führen; es kann aber den Horizont erweitern, indem es Handlungsoptionen auftut und die Verantwortungsübernahme der betroffenen Person für sich selbst fördert. Als helfende Person kann man durch empathische Perspektivenübernahme verschiedene Gesprächsmodi überprüfen: Jede und jeder kennt selbst aus eigenen Krisensituationen, dass Reaktionen und Angebote anderer mehr oder weniger hilfreich erscheinen. Als weniger hilfreich werden in Krisensituationen häufig erlebt:

- Diskussionen („Wieso denken Sie denn sowas?")
- Verallgemeinerungen („Das haben ja alle mal.")
- Bewertungen, Belehrungen („Aber man kann dann doch nicht einfach aufgeben!")
- Relativierung („Das wird schon wieder!")
- konkrete, vorschnelle Lösungsvorschläge und vorschnelle Tröstung („Dann gehen Sie einfach an die frische Luft, dann wird es schon besser.")
- übermäßiger Aktionismus („Ich suche Ihnen jetzt gleich einen Therapeuten.")
- Druck („Das müssen Sie sofort machen.")
- Schweigeversprechen („Ich werde mit niemandem darüber sprechen.")
- Verantwortung übernehmen, unrealistische Angebote („Sie können mich immer anrufen.")

Gesprächsführung gemäß der BELLA-Krisenintervention
Die Wiener Arbeitsgruppe um Gernot Sonneck hat für den Umgang mit suizidalen Menschen ein Schema der akuten Krisenintervention entwickelt (Sonneck et al. 2016). Übergeordnete Ziele lauten dabei, dass eine Klientin an Selbstvertrauen und Selbstwertgefühl gewinnt, eine Entscheidungsfähigkeit wiedererlangt und alternative, konstruktive Verhaltens- und Umgangsweisen findet. Dieses Konzept verwenden wir als Orientierung für den Umgang mit suizidalen Krisen einer Person am Arbeitsplatz. In fünf Abschnitten (**B – E – L – L – A**) wird beschrieben, was bei einem Gespräch zur Krisenintervention wichtig ist.

(B) Beziehung aufbauen
Je nach vorherigem Kontakt und Art der Beziehung muss zunächst eine Gesprächssituation geschaffen werden, in der sich die betroffene Person willkommen fühlt. Dazu bieten sich offene Fragen und einladende Angebote an, die weder bedrängen noch distanziert sind und der Person die Verantwortung für sich selbst sowie ein Gefühl von Selbstbestimmtheit lassen. Der Grund bzw. Anlass des Gesprächs sollten transparent für die betroffene Person sein.

- „Einige Ihrer Kollegen scheinen sich Sorgen zu machen, deshalb spreche ich Sie an."
- „Möchten Sie mir mehr darüber erzählen?"

Über verständnisvolle Kommentare und Anerkennung der Anstrengung, die es die Person kostet, lässt sich eine Verbindung herstellen und überprüfen, inwieweit die Person bereit ist, in Kontakt zu gehen. Auch eine Pause bietet sich bei einem anstrengenden Gespräch als Einladung zur Selbstfürsorge an.

- „Das war wahrscheinlich nicht leicht, hier herzukommen…"
- „Ich kann verstehen, dass das nicht leicht ist, darüber zu sprechen…"
- „Brauchen Sie eine Pause?"

(E) Erfassen der Situation/Informationen

Die aktuelle Situation ist der Ausgangspunkt für das Krisengespräch. Es gilt, mit Interesse die aktuelle Befindlichkeit der Person zu erkunden, Fragen nach einflussreichen Ereignissen und deren Folgen zu stellen. Sowohl der psychische Zustand (Gefühle, Selbstwert, Denkfähigkeit, Aktivität) sowie auch der physische Zustand (Schlaf, Ernährung, Schmerzen) ist von Relevanz, wie auch die Auswirkungen in verschiedenen Lebensbereichen (Arbeit, Beziehung, Freizeit etc.). Ähnliche frühere Zustände liefern Aufschluss über Fähigkeiten und Möglichkeiten der Person, mit der sie eine vorherige Krise gemeistert hat.

- „Seit wann geht es Ihnen so schlecht? Ist in der letzten Zeit etwas vorgefallen?"
- „Wie geht es Ihnen heute damit?"
- „Hat das (z. B. der Konflikt) auch Einfluss auf andere Lebensbereiche?"

(L) Linderung der Symptome

Erste Entlastung ist in Krisensituationen zentral, damit das Stresslevel sinkt, die Person eine Pause von anstrengenden Gefühlen wie Hilflosigkeit oder Hoffnungslosigkeit machen und Energie für neue Perspektiven entwickeln kann. Dazu wird unterstützt, körperliche Symptome als Warnsignale zu verstehen und Gefühle zuzulassen. Probleme sollten möglichst klar benannt und zunächst Ängste bearbeitet werden, bevor es um Lösungen geht.

- „Sie sagten, es geht Ihnen gerade nicht gut. Wie äußert sich das gerade?"
- „Wenn Ihnen zum Weinen zumute ist, tun Sie es."
- „Atmen Sie einmal tief ein und aus."
- „Welche Dinge sind Ihnen jetzt am wichtigsten?"

(L) Leute einbeziehen
Andere Menschen einzubeziehen ist nicht nur für die suizidale Person von Relevanz, sondern auch für die helfende Person. Welche sozialen Ressourcen kann eine Person aktivieren?

- „Weiß jemand von Ihren Gedanken?"
- „Gibt es jemandem, mit dem/der Sie darüber sprechen können?"
- „Haben Sie eine Idee, was Sie machen können?"
- Hilfestellungen als Angebote bei mangelnden Ideen: „Es gibt zum Beispiel eine Selbsthilfegruppe/das Krisentelefon…"

(A) Ansatz zur Problembewältigung
Das Gespräch sollte zum Ziel haben, den/die Suizidgefährdete/n zu ermächtigen, nach einem ersten (aktuell möglichen) Ansatz zur Problembewältigung zu suchen. Ambivalenzen wertfrei zu benennen, kann der Person helfen, eigene Widerstände oder auch Ressourcen zu erkennen. Hilfestellung mag auch sein, an bisherigen Lösungsstrategien anzuknüpfen, auf das aktuell Wesentliche zu fokussieren und erste Entscheidungen zu treffen. Bei Schwierigkeiten im Arbeitsumfeld (Mobbing, Konflikte) können Hilfestellungen innerhalb des Unternehmens besprochen werden – wie moderierte Gespräche, Coaching, Stressmanagementkurse, Trainings. Auch kann auf Hilfsangebote außerhalb hingewiesen werden: Therapie, Klinik, Selbsthilfegruppe, Krisentelefon, etc.

- „Sie sagen einerseits… andererseits…"
- „Wenn das Problem so aussieht, welche (konkreten) Konsequenzen hat das dann?"
- „Was könnten Sie heute nach diesem Gespräch tun?"
- „Glauben Sie, Sie können verwirklichen, was wir erarbeitet haben? Was könnte Sie hindern? Was brauchen Sie dazu?"

4.3   Containing

Im Kontakt mit Menschen in tiefer Verzweiflung, mit aggressiven Impulsen oder lähmender Hilflosigkeit werden die kognitiven und emotionalen Ressourcen der helfenden Person intensiv gefordert. Oft verspürt sie den Wunsch, der leidenden Person das Leid abnehmen zu können. Begreift man Suizidalität aber, wie beschrieben, nicht als rein akute, temporäre Krise, sondern als Zuspitzung einer krisenhaften Entwicklung, so wird deutlich, dass dieser Wunsch kaum in Erfüllung gehen kann. Neben den genannten Hilfestellungen im Umgang mit Suizidalität, zur Haltung und zu möglichen Fragen und Angeboten ist aus psychoanalytischer Sicht insbesondere **Containing** einschlägig, um Personen durch Krisen zu begleiten. Der Psychoanalytiker Wilfred Bion formulierte das Konzept des Containings als therapeutische Fähigkeit in Analogie zu einer Mutter-Kind-Beziehung (Bion 1992; Giernalczyk 2003). Ein Kleinkind kann die eigenen Gefühle und Bedürfnisse noch nicht selbst verstehen, einordnen oder befriedigen. Es braucht dazu die Mutter oder den Vater, auf die es die Gefühle projiziert. Die Bezugsperson als spiegelndes Gegenüber nimmt diese Gefühle in sich auf, behält sie bei sich, verarbeitet sie und gibt sie in abgemilderter, verbaler Form an das Kind zurück, das diese so aufnehmen kann und emotional erleichtert wird. So geschieht es in den allermeisten Eltern-Kind-Beziehungen ganz intuitiv: Ein Kind schreit, der Vater nimmt das Kind in den Arm, versteht das Schreien als Zeichen eines Bedürfnisses (anstatt einer Aggression), unterbindet es nicht, redet dem Kind mit sanfter Stimme gut zu („Bedrückt dich etwas?") und versucht herauszufinden, was ihm gut tun könnte („Vielleicht tut dir etwas weh, ob es wieder der Zahn ist? Der ist gemein, dieser Schmerz…"). Übertragen auf die Situation und Funktion von Helfenden in Krisensituationen meint Containing die Fähigkeit, die Gefühle und Affekte der suizidalen Person wie Hilflosigkeit, Trauer oder Wut, die diese selbst überfordern, aufzunehmen, auszuhalten und sie in annehmbarer Form zu benennen. Ausschlaggebend sind auf der einen Seite das Halten und Aushalten: Die betroffene Person macht die Erfahrung, dass ihre als so unaushaltbar empfundenen Gefühle den Anderen nicht zerstören, dass sie nicht verleugnet, sondern gemeinsam besprochen werden können. Auf der anderen Seite werden Gefühle und Affekte nicht nur ausgehalten, sondern auch transformiert. Transformieren meint, etwas in einen anderen Zustand verbringen. Es geht über das empathische Zuhören hinaus und stellt eine anspruchsvolle Tätigkeit dar, die Kraft und Erfahrung beansprucht. Manchmal hilft die Fähigkeit zur **Reverie,** also die Fähigkeit, einem Tagtraum nachzuhängen, in welchem der/die

Helfende sich das Geschilderte und Erlebte durch den Kopf gehen und sich davon „beeindrucken" (im Sinne von berühren) lässt, sich aber gleichzeitig auch (immer wieder) davon distanzieren kann. Dabei wird die Situation und das Erleben der betroffenen Person erfasst und so „verdaut", dass es für sie aushaltbarer wird. So kann sich aus einer Reverie eine Metapher ergeben, die einen neuen Zugang zu einem Konflikt oder einem traumatischen Erlebnis ermöglicht: Die unaussprechbaren, aber spürbaren emotionalen Schwankungen einer suizidalen Person werden etwa als „emotionale Achterbahn" benannt. Auf diese Weise nimmt die helfende Person die Gefühlslage der betroffenen Person auf, denkt darüber nach und gibt sie in einer erträglichen Sprache zurück. Giernalczyk (2003) nennt diesen Vorgang „Affektregulation zu zweit". Dieser Prozess ist im Idealfall nicht nur für die akute Situation hilfreich; sie fördert perspektivisch die Fähigkeit zum Wahrnehmen, Erkennen und Benennen von belastenden Gefühlen und Affekten. Containing kann durch die individuelle Selbsterfahrung im Coaching, aber auch in der Supervision in Gruppen geübt und verinnerlicht werden.

4.4 Reflexion der eigenen Rolle und von Grenzen

Die Reflexion der eigenen Rolle bei Krisen im Unternehmenskontext, des Arbeitsauftrages und der institutionellen und eigenen Grenzen sind zentrale Fragen, die nicht erst bei einer akuten Krisensituation, sondern bereits im Vorfeld im Team und mit Verantwortlichen besprochen werden sollten. Für helfende Personen ist die Auseinandersetzung mit den Themen Tod, Todeswünschen und Suizid hilfreich, um Stigmata, Hemmungen und Unsicherheiten abzubauen. Die Auseinandersetzung mit diesen Themen dient dazu, eine Sprache zu finden, die geeignet ist, den Denk- und Handlungsspielraum in Interaktion mit anderen zu erweitern.

Die meisten Menschen kommen in ihrem Leben in Krisensituationen und eventuell auch einmal an einen Punkt, wo sie über Tod nachdenken; auch Suizidgedanken gehören dazu, die vielleicht mehr Menschen kennen als meist angenommen. Die Einstellung zum Tod, die mit dem Thema verbundenen Wertvorstellungen und Erfahrungen sind im Umgang mit suizidalen Personen sehr wichtig, sofern sie sich in der Interaktion übertragen. Daher ist es wichtig, auch die eigenen Ängste, Sorgen und Vorstellungen zu den Themen Tod, Sterben und Suizid zu kennen.

Fragen zur eigenen Auseinandersetzung mit Tod und Suizidalität
- Wo waren Sie schon mal mit einem Suizid konfrontiert? Wie haben Sie das erlebt?
- Wenn Sie an Erfahrungen mit suizidalen Menschen denken – was fällt Ihnen ein? Welche Gefühle kommen in Ihnen?
- Was denken Sie über Menschen, die einen Suizid begangen haben/begehen möchten?
- Welche Situationen könnten Sie nicht akzeptieren, aus denen heraus ein Suizid begangen wird?
- Wann würden Sie eine Entscheidung zum Suizid respektieren?
- Welche Haltung erwartet ihr Arbeitgeber von Ihnen, wie Sie mit suizidalen Kollegen oder Klienten arbeiten? Was erwarten Sie selbst von sich?
- Stellen Sie sich vor, einer Ihrer Kollegen/Klienten begeht Suizid. Wie würde sich das anfühlen? Was würde Sie beschäftigen?
- Wann in Ihrem Leben waren Sie in einer Situation, in der Sie nicht mehr ein noch aus wussten? Wie haben Sie sich damals gefühlt?

Die Reflexion „blinder Flecken" hilft, im Umgang mit Menschen in Not sensibler zu werden. Mögliche blinde Flecken in der Selbstwahrnehmung sind zum Beispiel das Helfersyndrom, eine übermäßige Leistungsorientierung oder Kontrollbedürfnisse. Extreme Ansprüche an die Leistung lassen einen womöglich die Begrenztheit des eigenen Einflusses übersehen, weshalb auch die Suizidalität einer Mitarbeiterin nicht erkannt werden kann, weil sie auf eine Kränkung der eigenen Leistungsfähigkeit hinauslaufen würde.

In Krisensituationen gerät leicht in den Hintergrund, dass sich auch die helfenden und unterstützenden Personen in Krisenstimmung befinden. Für andere zur Verfügung zu stehen, deren Verzweiflung zu spüren und die Grenzen der eigenen Einflussnahme zu erleben, ist erschöpfend und frustrierend, drückt die eigene Stimmung und hat Ansteckungspotenzial. Vor diesem Hintergrund empfiehlt es sich, die institutionellen Ressourcen und Netzwerke zum formellen und informellen Austausch (Arbeitsbeziehungen, Teamsitzungen, Supervisionen, Intervisionen, Coaching, Fortbildungen) zu mobilisieren. Persönliche Ressourcen auch außerhalb der Arbeit (wie Freizeitaktivitäten, Interessen, positive Erfahrungen, Erfolgserlebnisse, stärkende Beziehungen) kommen in Krisenzeiten eine erhöhte Bedeutung zu.

Präventionsmaßnahmen im Unternehmen

5

5.1 Empfehlungen zur Vorbeugung suizidaler Krisen

Suizide sind der hohe Preis, den Organisationen im Extremfall zahlen, wenn sie sich nicht beizeiten um gute Arbeitsbedingungen bemühen. Insoweit liegt die Empfehlung auf der Hand, dass Unternehmen und Organisationen proaktiv und kontinuierlich in gute Organisationskulturen und Mitarbeiterzufriedenheit investieren. Welche Präventionsmaßnahmen dafür geeignet sind, lässt sich sicher am besten im Einzelfall beantworten. Dessen ungeachtet nennt etwa der Bericht der internationalen Beratungsgesellschaft KonTerra Group ein paar grundsätzliche Anknüpfungspunkte zur Verbesserung der Arbeitsatmosphäre (KonTerra 2019, S. 54 ff.).

Mitarbeiterzufriedenheit und Wohlbefinden lässt sich dem KonTerra-Bericht zufolge nicht anhand eines schnell einmal durchgeführten Workshops oder einer kurzfristig angelegten Beratung erreichen. Zuerst gilt es herauszufinden, wie die Situation unter den Mitgliedern der Organisation ist – was sie brauchen und was ihrer Meinung nach fehlt. Welcher Art der Mangel sein könnte, lässt sich mit Interviews herausfinden, die von externen, unabhängigen Beraterinnen durchgeführt werden sollten.

Folgende Aspekte sind zu berücksichtigen:

- Würde, Respekt und Mitgefühl sollten als die zentralen Werte der Kultur in einer Organisation anerkannt sein.
- Es sollte die Entwicklung einer haltgebenden Teamkultur angestrebt werden, die die Mitarbeiter/-innen ermutigt, füreinander Verantwortung zu übernehmen.
- Es sollten Coaching-Angebote für alle Mitarbeiter gemacht werden, die eine entsprechende Begleitung wünschen. Im Umgang mit suizidalen Mitarbeitern sollte das Angebot auch spezialisierte Begleitung durch Trauma- und Notfallspezialisten beinhalten.

© Springer Fachmedien Wiesbaden GmbH, ein Teil von Springer Nature 2020
M. von Senarclens de Grancy und R. Haug, *Suizidalität am Arbeitsplatz,*
essentials, https://doi.org/10.1007/978-3-658-28057-4_5

Ergänzend zu den genannten Präventionsmaßnahmen ist es zweifellos wichtig, die Führungsebene in Fortbildungen einzubinden und in der Entwicklung ihrer Organisationen zu unterstützen. Denn Führungskräfte nehmen in der Entwicklung gesunder Organisationskulturen eine Schlüsselrolle ein, insoweit sie ihre Vorbildfunktion nutzen können, um etwa bei den zentralen Themen der Arbeitsorganisation (Arbeitszeiten, Umgang mit Stress und Fehlern, Kommunikationsstil) verantwortungsbewusst voranzugehen. Führungskräfte sollten zumal darin geschult sein, frühzeitig gesundheitliche Risikofaktoren für die Belegschaft zu erkennen. Fähigkeiten und Eigenschaften, die umso mehr gefragt sind, wenn es zu sensiblen Situationen kommt. Hierzu zählen insbesondere Entlassung (auch der Übergang zur Rente), Degradierungen, Arbeitslosigkeit durch Rationalisierungs- und Umstrukturierungsmaßnahmen, private Schwierigkeiten finanzieller oder zwischenmenschlicher Art, Mobbing, Bullying, Isolation unter Kollegen oder andauernde, zermürbende Konflikte. Schon der drohende Verlust des Arbeitsplatzes kann zu existenziellen Krisen führen, die mit heftigen affektiven Reaktionen und Gemütsschwankungen einhergeht und eine enorme Anpassungsleistung fordert – wenn auch zunächst nur emotional und mental.

5.2   Gatekeeper in Organisationen

Bei Großunternehmen, Hilfsorganisationen oder Unternehmen mit erhöhtem Risikopotenzial (Polizei, Krankenhäuser, Fluggesellschaften) erscheint es ratsam, ausgewählte Mitarbeiter zu Gatekeepern ausbilden zu lassen. Ein **Gatekeeper** ist in der Lage zu erkennen, ob jemand Suizid begehen könnte (WHO 2014). Da Menschen mit Suizidrisiko selten Hilfe aufsuchen, können Gatekeeper sie anhand von Risikofaktoren und Verhaltensweisen als suizidal identifizieren. Um diese Aufgabe zu übernehmen, sind Kenntnisse typischer Risikofaktoren und Verläufe eines Suizidrisikos wichtig, ferner Übung im Umgang mit Menschen in Krisen (Grundlagen der Gesprächsführung). Gatekeeper tragen zumal zu einer Entstigmatisierung des Themas bei, insoweit sie anbieten, über Suizid und Suizidgedanken zu sprechen und dadurch die Hemmung im Umgang mit dem Thema abzubauen. Nicht zuletzt kennen Gatekeeper die Nummer eines Notfalltelefons und wissen, wo sich im Notfall die nächste Akutpsychiatrie befindet. Ein solch umfassendes Programm zur Suizidprävention führte bei der Polizei in Montreal (Kanada) zu einer signifikanten Abnahme der Suizidraten um 79 % (WHO 2014, S. 45). Das Programm bestand aus einer halbtägigen Schulung zum Thema Suizid für alle Polizeibeamten mit Schwerpunkt auf Risikoerkennung und Hilfsmöglichkeiten. Vorgesetzte und Bundesvertreter erhielten eine ganztägige Schulung zu den Bereichen

Risikobewertung und Hilfeleistung. Es wurde eine von speziell ausgebildeten Beamten besetzte, ehrenamtliche Telefonauskunft eingerichtet. Überdies wurde eine Aufklärungskampagne zu Hilfsangeboten und zur Bedeutung der Zusammenarbeit bei der Suizidprävention durchgeführt (S. 96). Umfassende, auf die Arbeitsumgebung zugeschnittene Suizidpräventionsprogramme haben in diesem Fall dazu beitragen, die Suizidraten signifikant zu reduzieren.

5.3 Unternehmenskultur als Scharnier der Suizidprävention

Als konkrete, praktikable Präventionsmaßnahmen kommen zunächst die genannten Instrumente in Betracht: Einrichtung eines Notruftelefons, Berufung eines Gatekeepers oder die Beauftragung externer Berater. Ferner ein betriebsinterner Leitfaden für das Notfallmanagement in Krisensituationen – Wer macht was wann? Wer ist verantwortlich? Wann und wohin kann weitervermittelt werden? – auch wenn hier bloß selbstverständliche Abläufe verschriftlicht sind, bietet ein Leitfaden im Notfall doch einen Orientierungsrahmen. Um nicht nur am Symptom anzusetzen, lassen sich indes noch weitere Ansätze umsetzen: Mehr individuelle Freiheit, das heißt mehr Eigenverantwortung und Selbstbestimmung für die Mitarbeiter bei der Organisation ihres Arbeitsbereichs und bei der Verteilung der Aufgaben.

Eingedenk der Beobachtung, derzufolge dem Suizid immer ein erster, sozialer Tod vorausgeht, lassen sich eine Reihe weiterer wichtiger Elemente der Suizidprävention für Unternehmen nennen. Im Fokus stehen dabei die Unternehmenskultur und das Betriebsklima, die von der Art des Austausches unter Kollegen geprägt und getragen werden. Um dem ersten, meist unbemerkt stattfindenden sozialen Tod zu verhindern, ist es wichtig, die sozialen Bindungen unter den Mitarbeiterinnen zu stärken. Gelebte Solidarität, professionelle Mediation von Konflikten und (arbeitsbezogenen) Emotionen oder die Etablierung einer positiven Fehlerkultur sind wichtige Anknüpfungspunkte für eine humane Gestaltung der Unternehmenskultur. Ziel sollte es sein, wertschätzende und faire Beziehungen unter Kollegen, Mitarbeitern und Vorgesetzten zu schaffen.

Nach einem Suizid: Rechtliche Aspekte und Aufarbeitung

6

6.1 Rechtliche Aspekte

Bei der Frage der Strafbarkeit des Suizids geht es im Kern darum, ob der Staat die Verantwortung dafür trägt zu verhindern, dass sich ein Mensch das Leben nimmt. Eingedenk der Ansteckungsdynamik (Werther-Effekt), die vom Suizid ausgehen kann, haben Staat und Gesellschaft ein großes Interesse daran, dass ein Suizid nicht Anlass für weitere Selbsttötungen wird. Staatsrechtlich gesehen schützt das Grundgesetz in Ausgestaltung des Art. 1 Abs. 2 GG die Würde des Menschen absolut, woraus folgt, dass auch ein zum Suizid entschlossener Mensch auf seine Menschenwürde nicht verzichten kann. Überlegungen dieser Art führen zu ethischen oder rechtsphilosophischen Erwägungen. Für die Praxis in Unternehmen und Organisationen relevanter ist jedoch das Strafrecht.

Aus strafrechtlicher Sicht handelt es sich beim Selbstmord nicht um Mord, da zur Erfüllung dieses Tatbestands ein anderer Mensch getötet werden muss. Da der Suizid straflos ist, können nach deutschem Recht daher auch Beihilfe und Anstiftung zum Suizid nicht bestraft werden. Anderes gilt in dem Fall, dass ein Schuldunfähiger zum Suizid verleitet wird – in einem solchen Fall kann ein Totschlag in mittelbarer Täterschaft vorliegen. Dessen ungeachtet stellt sich aus Sicht von personalverantwortlichen Führungskräften die Frage nach den strafrechtlichen Konsequenzen von unterlassener Hilfeleistung, sofern die Selbstmordtendenzen im Unternehmen hätten erkannt werden können. Eine Strafbarkeit infolge eines Unterlassens setzt im deutschen Strafrecht jedoch eine **Garantenstellung** voraus. Sie bezeichnet die Pflichten einer Person, dafür einzustehen, dass ein bestimmter tatbestandlicher Erfolg nicht eintritt. (§ 13 StGB) Die Garantenstellung gilt bei Eltern gegenüber ihren Kindern (§ 1626 BGB), beim Geschäftsführer/Vorstand einer Gesellschaft (§ 43 GmbHG), beim Psychiater

© Springer Fachmedien Wiesbaden GmbH, ein Teil von Springer Nature 2020
M. von Senarclens de Grancy und R. Haug, *Suizidalität am Arbeitsplatz,*
essentials, https://doi.org/10.1007/978-3-658-28057-4_6

einer Klinik gegenüber seinen Patienten (Verpflichtung zur Verantwortung aus Vertrag), bei Eröffnung von Gefahrenquellen (Arbeitsschutz) sowie bei pflichtwidrig geschaffenen Vorverhalten (etwa fahrlässige Körperverletzung). Ärzte und Psychiater haben eine besondere Garantenstellung gegenüber ihren Patienten und müssen im Zweifelsfall entsprechende Sicherungsmaßnahmen treffen wie Doppelunterbringung oder Einweisung in die geschlossene Psychiatrie.

Aber auch ohne Garantenstellung stellt sich die Frage einer Strafbarkeit wegen unterlassener Hilfeleistung. Denn grundsätzlich gilt die Pflicht zur Hilfeleistung für Menschen in Gefahr wie beispielsweise bei einem Unfall. Im § 323c StGB heißt es diesbezüglich, wer bei Unglücksfällen oder gemeiner Gefahr oder Not nicht Hilfe leistet, obwohl dies erforderlich und ihm den Umständen nach – insbesondere ohne erhebliche eigene Gefahr und ohne Verletzung anderer wichtiger Pflichten – zuzumuten und möglich ist, wird mit Freiheitsstrafe bis zu einem Jahr oder mit Geldstrafe bestraft. Aus Sicht der Rechtsprechung folgt daraus, dass bei einem Streben nach Selbstmord von einem Unglück auszugehen ist und bei einem schon beendeten Suizidversuch dem Verletzten oder bewusstlosen Menschen immer zu helfen ist.

6.2   Aufarbeitung am Arbeitsplatz

Im Fall eines versuchten oder erfolgten Suizids in einem Unternehmen sollten Führungskräfte besser vermeiden, zunächst die Klärung rechtlicher Fragen – etwa die Unternehmenshaftung – zu priorisieren. Verantwortungsbewusste Führung zeigt sich vielmehr darin, persönlich ansprechbar zu sein oder sogar selbst aktiv auf die Betroffenen – auf nahestehende Kolleginnen und Angehörige des Suizidenten – zuzugehen und das Gespräch mit ihnen zu suchen. Ferner ist geboten, Maßnahmen vorzubereiten, die der Mitarbeiterschaft einen Rahmen geben, in dem es gemeinsam möglich ist, nach Abklingen der Schockphase im Unternehmen einen Heilungsprozess beginnen zu lassen. Dieser Prozess sollte von auf Traumabewältigung und Notfallpsychologie spezialisierten Expertinnen durchgeführt werden. Insbesondere sollten Gruppenprozesse etabliert werden, in denen die über den Suizid hinaus belastende Erfahrungen wie Mobbing, Bullying, Geheimnistuerei, Misstrauen, Vetternwirtschaft und weitere erlittene Verletzungen gesprochen werden können.

Was gilt es dabei konkret zu beachten? Nach einem Suizid im Unternehmen ist eine **aktive Aufarbeitung** der Ereignisse und der damit verbundenen Gefühle zentral. Suizide lösen eine allgemeine innere Desorganisation aus, sowohl beim Einzelnen wie auch in der systemischen Dynamik einer Institution. Gefühle von

Ratlosigkeit, Resignation, Hoffnungslosigkeit, Unsicherheit, Schuld, Scham und Lähmung können sich breitmachen. Bleiben sie beim Einzelnen isoliert oder unter dem Deckmantel der Verleugnung bestehen, können sie schwelen und langfristig die Unternehmensstrukturen destabilisieren. Führungskräften und Personalverantwortlichen kommt in dieser Zeit eine Funktion als Vorbild und als haltender Rahmen zu: Wenn es möglich ist, einen offenen Umgang zu vermitteln, eine klare und nicht verleugnende Sprache zu finden, emotionale Anteilnahme zu zeigen und stützende Angebote zu machen, wirkt sich das auch auf das Miteinander und die Organisationskultur im Unternehmen aus.

Empfohlen wird, eine Art **Rahmenplan** zur ersten Orientierung vorliegen zu haben, der innerhalb des Unternehmens erarbeitet wurde und im Falle eines Suizides situativ angepasst werden kann (Austin und McGuinness 2012). Im Sinne einer „best practice" enthält er wichtige Punkte und Vorgehensweisen bei einem Suizid im Arbeitsumfeld (Telefonnummern des Notrufs/Krisendienst, direkt notwendige Maßnahmen, Betreuung betroffener Mitarbeiterinnen). Auch im Falle eines Suizids eines Mitarbeiters außerhalb des Arbeitsortes können verantwortliche Führungskräfte und Mitarbeiterinnen mit Gatekeeper-Funktion zur Koordination bereitstehen.

Eine **klare Kommunikation** der Ereignisse im Unternehmen, die in vertraulicher Absprache mit den Hinterbliebenen stehen sollte, dient der Vermeidung von Spekulationen, Gerüchten und der damit verbundenen Unsicherheiten, Überraschungen und Ängsten. Wie bei jedem anderen Trauerfall auch ist natürlich die Würdigung der verstorbenen Person durch Beileidsbekundungen oder dem Besuch der Trauerfeier von hoher Bedeutung. Aber auch der Suizid einer angehörigen oder nahestehenden Person eines Mitarbeiters wirkt sich in der Regel auf das Miteinander in Organisationen aus. Auch hier empfiehlt sich ein sensibler und bewusster Umgang: Beileidsbekundungen, praktische Hilfsangebote, Vereinbarungen für Vertretungen, Ausfallregelung, vor der Rückkehr von vorübergehender Reduzierung der Aufgaben, Vertraulichkeitsfragen und Gesprächsangebote.

Trauerprozesse und Umgangsformen mit Suiziden sehen ganz unterschiedlich aus. Manche Menschen möchten damit am Arbeitsplatz möglichst nicht konfrontiert sein; manche Mitarbeiterinnen isoliert, verunsichert oder kränkt das Schweigen der Kollegen und Vorgesetzten. Optionale Angebote, in denen Raum für Sprechen und Fragen entsteht, sind jedoch nie verkehrt. Für die aktive Auseinandersetzung mit Trauer und anderen emotionalen Reaktionen können auch innerhalb eines Unternehmens **Rituale** entstehen – etwa ein jährliches Gedenken an den Verstorbenen, bei dem Erinnerungen erzählt und Trauer sowie etwaige Ängste „geteilt" werden können. Häufig profitieren davon auch jene Mitarbeiterinnen, die sich zu Beginn gegen eine Auseinandersetzung mit dem

Thema Tod und Suizidalität wehren – dennoch sollte die Teilnahme optional sein. Speziell für betroffene Verantwortliche und Mitarbeiterinnen ist eine Auseinandersetzung mit potenziellen Schuldgefühlen, Hilflosigkeit, Vorwürfen oder auch Wut wichtig. Dafür dienen je nach Kapazitäten offene Gesprächsangebote oder Empfehlungen von Anlaufstellen. Allgemein gilt, dass nach einem Suizid (und auch nach einem Suizidversuch) eine Art **„Sonderzustand"** herrscht, der mit einem erhöhten Bedürfnis nach Schutz und Sicherheit einhergeht. Es sollte miteinbezogen werden, dass möglicherweise auch die Produktivität vorübergehend beeinträchtigt wird. Deshalb empfiehlt sich ein unmittelbarer und proaktiver Umgang mit Suiziden, in dem der Verarbeitung angemessen Zeit eingeräumt wird. Diese Investition von Zeit und Ressourcen rentiert sich nachhaltig, indem einer potenziellen Destabilisierung im Unternehmen direkt entgegengewirkt und schwelende Unsicherheiten und Ängste aufgefangen werden, bevor sie die Atmosphäre unter den Mitarbeiterinnen und die Produktivität der Organisation weiter beeinträchtigen.

Was Sie aus diesem *essential* mitnehmen können

- Aufklärung über das Tabuthema Suizidalität in Unternehmen und Organisationen
- Anwendungsorientierte Hilfestellungen für den Umgang mit suizidalen Mitarbeitern und zur Verbesserung der Mitarbeiter-Fürsorge in suizidalen Organisationen
- Einführung in das Feld der Krisenintervention im organisationalen Kontext
- Hinweise zur rechtlichen Situation und zur Kommunikation für Unternehmen vor bzw. nach einem Suizid

© Springer Fachmedien Wiesbaden GmbH, ein Teil von Springer Nature 2020
M. von Senarclens de Grancy und R. Haug, *Suizidalität am Arbeitsplatz,*
essentials, https://doi.org/10.1007/978-3-658-28057-4

Literatur

Austin, C., & McGuinness, B. (2012). Breaking the silence in the workplace: A guide for employers on responding to suicide in the workplace. https://www.sprc.org/sites/default/files/migrate/library/Breaking%20the%20Silence%20Final.pdf.

Bion, W. (1992). *Lernen durch Erfahrung*. Frankfurt a. M.: Suhrkamp.

Bronisch, T. (2014). *Der Suizid: Ursachen, Warnsignale, Prävention* (6. Aufl.). München: Beck.

Cederstrom, C., & Fleming, P. (2012). *Dead Man Working*. Winchester: Zero Books.

Cullberg, J. (1978). Krisen und Krisentherapie. *Psychiatrische Praxis, 5*, 25–34.

Cullen, J. (2014). Towards an organisational suicidology. *Culture & Organization, 20*(1), 40–52.

Dejours, C., & Bègue, F. (2009). *Suicide et travail, que faire?* Paris: Presses universitaires de France, coll. Souffrance et théorie.

Dorrmann, W. (2012). *Suizid: Therapeutische Interventionen bei Selbsttötungsabsichten* (7. Aufl.). Stuttgart: Klett-Cotta.

Evans, D. (2017). *Wörterbuch der Lacan'schen Psychoanalyse*. Wien: Turia + Kant. (Erstveröffentlichung 1997).

Fonagy, P., Gergely, G., Jurist, E., & Target, M. (2002). *Affektregulierung, Mentalisierung und die Entwicklung des Selbst*. Stuttgart: Klett-Cotta.

Freud, S. (1912–1913a). *Totem und Tabu*. Gesammelte Werke, Bd. IX. Frankfurt a. M.: Fischer.

Freud, S. (1916–1917g). *Trauer und Melancholie*. Gesammelte Werke, Bd. X, S. 428–446. Frankfurt a. M.: Fischer. (Erstveröffentlichung 1915).

Freud, S. (1920g). *Jenseits des Lustprinzips*. Gesammelte Werke, Bd. XIII, S. 1–69. Frankfurt a. M.: Fischer.

Giernalczyk, T. (2003). *Lebensmüde: Hilfe bei Suizidgefährdung*. Tübingen: DGVT Verlag.

Hirschhorn, L. (1988). *The workplace within: Psychodynamics of organizational life*. Cambridge, MA: MIT Press.

Kahn, S. (2017). *Death and the city: On loss, mourning, and melancholia at work*. London: Karnac.

Kind, J. (1992). *Suizidal. Die Psychoökonomie einer Suche*. Göttingen: Vandenhoeck & Ruprecht.

Kläui, C. (2017). *Tod – Hass – Sprache. Psychoanalytisch*. Wien: Turia + Kant.

© Springer Fachmedien Wiesbaden GmbH, ein Teil von Springer Nature 2020
M. von Senarclens de Grancy und R. Haug, *Suizidalität am Arbeitsplatz*,
essentials, https://doi.org/10.1007/978-3-658-28057-4

KonTerra Group. (2019). Amnesty International, Staff Wellbeing Review. https://www. amnesty.org/download/Documents/ORG6097632019ENGLISH.PDF.

Lacan, J. (2013). *Seminar X, Die Angst*. Wien: Turia + Kant. (Erstveröffentlichung 1962–1963).

Lohmer, M., & Wernz, C. (2000). Zwischen Veränderungsdruck und Homöostaseneigung: Die narzißtische Balance in therapeutischen Institutionen. In M. Lohmer (Hrsg.), *Psychodynamische Organisationsberatung. Konflikte und Potentiale im Veränderungsprozess* (S. 233–254). Stuttgart: Klett.

Long, S. (2008). *The perverse organization and its deadly sins*. London: Karnac.

Lukaschek, K., Baumert, J., & Ladwig, K. H. (2016). Arbeitsplatz und Suizidrisiko – Möglichkeiten der Prävention. *Der Klinikarzt, 45*(01), 38–41.

Macho, T. (2017). *Das Leben nehmen. Suizid in der Moderne*. Berlin: Suhrkamp.

Pöldinger, W. (1968). *Die Abschätzung der Suizidalität*. Bern: Huber.

Ringel, E. (1953). *Selbstmord. Abschluss einer krankhaften psychischen Entwicklung*. Wien: Maudrich.

Ringel, E. (1984). *Die österreichische Seele* (13. Aufl.). Wien: Europa Verlag.

Senarclens de Grancy, M. (2018). *Selbstwissen*. Hamburg: Textem Verlag.

Senarclens de Grancy, M., & Gisch, H. (2019). „Wollen die nicht mal einfach nur so tun als ob?" – Beschämungskrisen in Organisationen. In *Psychodynamische Psychotherapie*, (4). Artikel im Erscheinen.

Sonneck, G., et al. (2016). *Krisenintervention und Suizidverhütung* (3. Aufl.). Wien: Böhlau Verlag.

Wilke, Gerhard. (2012). Leaders and groups in traumatized and traumatizing organizations: A matter of everyday survival. In E. Hopper (Hrsg.), *Trauma and Organizations* (S. 195–214). London: Karnac.

Willemsen, R. (2002). *Der Selbstmord. Briefe, Manifeste, literarische Texte*. Köln: Kiepenheuer & Witsch.

World Health Organization WHO. (2014). Suizidprävention: Eine globale Herausforderung. https://apps.who.int/iris/bitstream/handle/10665/131056/9789241564779-ger.pdf;jsessionid=60B028898560B45CEA1A29A5D1E598FF?sequence=14.